Paul und Gisèle Celan in Baneuil

In Moisville: Jean und Mayotte Bollack, Paul und Gisèle Celan

*In Baneuil: Mayotte Bollack, Paul Celan, Jean Bollack und
Gisèle Celan*

Edition Akzente
Herausgegeben von
Michael Krüger

Jean Bollack
Herzstein

Über ein unveröffentlichtes
Gedicht von Paul Celan

Aus dem Französischen von
Werner Wögerbauer

Carl Hanser Verlag

Titel der Originalausgabe:
Pierre de Cœur
© Pierre Fanlac, 1991

Die Übersetzung beruht auf einer vom Autor revidierten Fassung
des französischen Textes.

Fotos: Peter Szondi

¹ ² 3   95 94 93

ISBN 3-446-17448-6
Alle Rechte der deutschen Ausgabe
© Carl Hanser Verlag München Wien 1993
© des Gedichtes von Paul Celan
Suhrkamp Verlag Frankfurt 1991
Umschlag: nach einem Entwurf von Klaus Detjen
unter Verwendung einer Fotografie von Bernard Tardien
Gesamtherstellung: Friedrich Pustet Regensburg
Printed in Germany

Mein Dank geht an

Gisèle Celan-Lestrange, für ihr freundschaftliches Entgegenkommen
Bernhard Böschenstein, für seine Lektüre,
Werner Wögerbauer, für seine Hilfe.

Einige Daten

In der letzten Augustwoche des Jahres 1964 waren Gisèle, Eric und Paul Celan zusammen mit Peter Szondi zu Gast bei uns in der Dordogne, dem südwestfranzösischen, nach dem gleichnamigen Fluß benannten Departement.[1]

Wir hatten uns zunächst alle in Moisville in der Normandie getroffen, wo die Celans ein Haus besaßen, und waren dann getrennt in den Süden gefahren. Celan, seine Familie und Szondi machten unterwegs Halt in Oradour-sur-Glane, jenem 1944 von einer SS-Division niedergebrannten Dorf unweit von Limoges; wir erwarteten sie unterdessen in der Dordogne, wohin wir mit unserer Tochter Sabine vorausgefahren waren. Von Oradour her kommend und noch unter dem Eindruck der Erinnerung an das Massaker stehend, trafen sie am Abend in Baneuil ein, dem kleinen Schloß, in dem das Gedicht entstand. Wir genossen die gemeinsam verbrachten Tage. Celan war von der Schönheit der Gegend bewegt, die damals viel weniger touristisch erschlossen und noch viel urtümlicher war als heute.

Zugleich gab es Momente, in denen Düsternis und Unruhe ihn befielen. Mayotte Bollack notierte über diesen Aufenthalt: »Eines Abends in der Dordogne, wo die Gestalten und die Erinnerung Hölderlins ihn beschäftigten, sagte er: ›Je suis la poésie.‹ An jenem Abend war er aufgewühlt (an den übrigen Tagen eher verschlossen und ausweichend). Schweigend hörten wir ihm zu, während er diese pathetischen Sätze vorbrachte.« Er sprach, denke ich, von dem Verhältnis zwischen seiner Person und der Dichtung, jener Alterität, die er, den seine Schöpfungen stets wie Begleiter und Gefährten umgaben, uneingeschränkt und schmerzvoll erlebte.

Das Schloß Baneuil besteht aus einem vorspringenden Rundturm aus dem fünfzehnten Jahrhundert, an den sich zwei rechtwinkelig angeordnete Gebäudeflügel schließen, deren einer nach Süden und deren anderer nach Westen gekehrt ist. Der gesamte Bau schmiegt sich um eine ältere militärische Anlage. Diese, ein aus dem dreizehnten Jahrhundert stammender viereckiger Wehrturm in romanischer Bauweise, ist mit dem Haus verwachsen und vom Osten her zugänglich. Der »Turm« im Gedicht hat so zwei Entsprechungen im Architektonischen, eine runde und eine quadratische. Das hügelige Gelände des südlichen Schloßhangs ist zum Teil bewaldet – damals war es das mehr noch als heute – und an manchen Stellen mit Steineichen bewachsen. Ansonsten erstreckt sich dort eine Heidelandschaft; unter den Sträuchern herrscht der Wacholder vor.

Von der Terrasse und von den höhergelegenen Stockwerken aus schaut man auf einen Brunnen, der am Südrand des vom Schloß und seinen Anbauten umgrenzten Hofes liegt, im Schatten eines alten Feigenbaums.

Vor fünfundzwanzig Jahren wurde in der Gegend noch mehr Tabak angebaut als heute. Aus dem Tabakbau bezogen die Bauernfamilien einen wesentlichen Teil ihrer Einkünfte. Die meisten Höfe besaßen eine eigene Scheune zum Trocknen der Stauden.

Unsere Gesellschaft wurde durch einen Hund vermehrt, Minne, der uns auf zweifache Weise nicht gehörte: er war schon meinem Schwager anvertraut worden, der ihn dann seinerseits uns überlassen hatte. Sein Fell war hell sandfarben. Mit seinem galoppähnlichen Lauf und seinem Hals, der ihm die Anmut eines Einhorns verlieh, mochte er an ein isabellenes Pferd erinnern. Ob Celan wohl eigens für dieses Tier den Befehl ersonnen hatte, den er ihm fröhlich zuwarf: »Minne, kusch dich« – souveräne Rückkreuzung eines austriakischen Gallizismus?

Die Gespräche kreisten um ein ständig wiederkehrendes Thema: die gegen ihn gerichteten Angriffe in der deutschen Presse. Die Bitterkeit, die er deswegen empfand, ließ ihn immer wieder darauf zurückkommen. Szondi hatte dazu öffentlich Stellung genommen.

Gegenstand der Diskussion war ein Brief Szondis in der vielbeachteten Leserbriefspalte der *Frankfurter Allgemeinen Zeitung* vom 25. Juni 1964; daran schloß sich eine ausführliche Antwort Hans E. Holthusens, dessen am 2. Mai im Literaturblatt derselben Zeitung erschienener Beitrag über Celan die Reaktion Szondis ausgelöst hatte.[2] Die Veröffentlichung hatte sich verzögert (der Brief war am 13. Mai abgesandt worden); wie aus einem Brief des Redakteurs Rolf Michaelis an Szondi vom 27. Mai hervorgeht, hatte die Feuilletonredaktion ganz offenkundig Partei für den in Bedrängnis geratenen Kritiker ergriffen. Michaelis verteidigt darin Holthusen, der damals die Leitung des Goethehauses in New York innehatte; er fügte seinem Brief auch Holthusens Replik bei, um die er selbst gebeten hatte und deren Argumentation er sich zu eigen machte.

Szondi befand sich in einer heiklen Lage. Sein öffentliches Eingreifen für den Dichter war nur aufgrund des Ansehens möglich gewesen, das sein literaturwissenschaftliches Œuvre genoß. Nun war jedoch diese Berechtigung selbst in Zweifel gezogen, nämlich seine Kompetenz als Philologe und seine Fähigkeit, den Sinn des sprachlichen Ausdrucks in den Gedichten zu erfassen. Er konnte von seiten des Dichters eine Verteidigung seiner Verteidigung erhoffen. Welcher Ausweg hätte ihm sonst offengestanden? Celan hat dazu in Baneuil eine Reihe von Texten redigiert, die er uns vorlegte, mit uns besprach und schließlich alle wieder verwarf. Dies hat während des ganzen Aufenthalts angedauert. Ich weiß nicht, ob die Entwürfe erhalten sind, ihr Inhalt ist meinem Gedächtnis entfallen. Heute denke ich, mit dem zeitlichen Abstand, daß diese Stellungnahme, die ihm soviel Mühe bereitete, vielleicht nicht im Bereich des für ihn Möglichen lag; selbst angesichts der traurigen Enttäuschung, die er Szondi anmerkte, war er dazu nicht in der Lage.[3] Das Verlangte rührte zu sehr an seine eigene Person, da es die Besonderheit der Sprache betraf, mit der er sich Gehör zu verschaffen trachtete. Damit, in dieser Sprache, hatte er auch bereits geantwortet.

Es handelte sich nicht einfach um ein Mißverständnis. Wesentliches stand auf dem Spiel, das heute, ein Vierteljahrhundert danach, nichts von seiner Bedeutung verloren hat. Szondi hatte das immer noch aktuelle Problem formuliert, wie sich die zweifach historisch bestimmte politische Haltung des Kritikers (während der NS-Zeit und zum Zeitpunkt der Debatte) und die Ablehnung bestimmter ästhetischer Konzeptionen, eines ganzen Gefüges sprachlicher Formen, zueinander verhielten. Die Absage an eine den Rahmen des Vertrauten sprengende Kunst beruhte zuinnerst auf verhehlten oder uneingestandenen politischen Motiven.

Das Unkonventionelle dieser Lyrik wurde von Holthusen, der darin nicht allein stand, als ein Zeichen der Beliebigkeit aufgefaßt; was unverständlich schien, galt als ein Resultat von Spiel und freier Assoziation, die man als »artistisch« oder »surrealistisch« katalogisierte. Man vermißte in dieser Anhäufung von absonderlichen und durch nichts zu rechtfertigenden Metaphern einen Sinn, den man hätte interpretieren können, identifizieren und assimilieren. Der Kritiker war nicht imstande zu erkennen, daß gerade dieser freie Gebrauch den Ausgangspunkt für ein kohärentes System semantischer Fixierungen darstellte, das seit *Mohn und Gedächtnis* von Celan erprobt und herausgebildet wurde. Szondi hatte erkannt, wie sehr dieses Gewebe in seiner elementaren Beschaffenheit von dem unter der NS-Herrschaft Geschehenen geprägt und wie sehr diese Sprache von dem langwierigen Unternehmen einer kontradiktorischen sprachlichen »Refektion« oder Neuschöpfung bestimmt war. Alle Gedichte mußten sich deshalb auf die Erfahrung der Judenvernichtung beziehen, und zwar durch die Materie selbst, aus der sie gemacht waren. Genau dieser Ansatz war im fraglichen Artikel zurückgewiesen und in seiner zwingenden Gültigkeit geleugnet worden. Hans E. Holthusen hatte die Meinung vertreten, der Ausdruck »Mühlen des Todes« bei Celan zeuge von »der damaligen Vorliebe für die ›surrealistische‹, in x-Beliebigkeiten schwelgende Genitivmetapher«. »Diese Koinzidenz«, erwiderte Szondi, »ist kein Zufall: weder beim Dichter, dem der einstige Euphemismus noch gegenwärtig ist, noch beim Kritiker, der die Erinnerung an das, was gewesen ist, durch den Vorwurf der Beliebigkeit zu vereiteln trachtet.«

Holthusens Replik war naiv und perfide in einem. Szondi hatte die angeblich beliebigen poetischen Assoziationen in die Nähe der Metapher der »Todesmühlen« gerückt, eines Ausdrucks, mit dem in den Kreisen um Eichmann das grauenvolle Geschehen belegt worden war. Einen Beleg für diesen Sprachgebrauch lieferte die Aussage eines Komparsen im Laufe seines Gerichtsverfahrens; die Zeitung berichtete davon am selben Tag, an dem Szondi seinen Leserbrief schrieb. Holthusen neutralisiert die unheimlich anmutende Beobachtung des Philologen mit einer Naivität, die einem stillen Einverständnis gleichkommt: in dem Gedicht ›Todesfuge‹, das jedermann mit Auschwitz in Zusammenhang bringe und das man auf die Ereignisse beziehen *müsse*, sei ja schließlich nicht von »Mühlen« die Rede, während das Gedicht, in dem Szondi diese »Me-

tapher« gefunden hatte, sich nicht auf Auschwitz be-
zöge. Er stellte sich nicht unwissend, sondern leugnete
in voller Absicht, daß dieser stets gleiche Bezug an
jeder Stelle des Werks seine Geltung besitze und daß,
wie die anderen Gedichte, auch die ›Todesfuge‹ von
jener befleckten, aus dem Nationalsozialismus ererb-
ten Sprache handelt, die Celan als Ausgangspunkt und
Widerpart bei der Ausbildung seiner eigenen Sprache
diente. Szondi hatte mit seiner Kritik den Punkt berührt, wo eine Sprache mit dem historischen Ereignis
zur Deckung kommt, das zu ermöglichen sie beigetra-
gen hat und das sie in sich aufgenommen hat. Holthusen reagierte entrüstet.»Diese Konstruktion einer
›Koinzidenz‹ zwischen zwei völlig unvereinbaren Ver-
lautbarungen ist für mein Gefühl etwas Absurdes, ja
Ungeheuerliches.« Damit bezichtigte er Szondi des
Übertreibens und fügte hinzu:»Ich empfinde sie als
eine Beleidigung für den Dichter und als eine Zumu-
tung für die Vernunft des Lesers.«

Celan hatte in ›Spät und Tief‹ (*Mohn und Gedächtnis*)
geschrieben[4]:

> Wir schwören bei Christus dem Neuen, den Staub zu
>   vermählen dem Staube,
> [...]
> Wir schwören der Welt die heiligen Schwüre des
>   Sandes,
> [...]
> und schwenken das Weißhaar der Zeit ...

Der »Sand« bezeichnet die Wörter, aus denen das
Gedicht besteht, und die »Zeit« jene Dimension, in der
das dichterische Sprechen zur Reife gelangt. Es ist
darauf ausgerichtet, mit Worten »einen Menschen« –
den Menschen, der in den Todeslagern im Namen
eines »Herrn« gemordet wurde – neu zu schaffen, ihn

aus dem Staub wieder ins Leben zu rufen. Das sprachliche Geschehen erfolgt im Rhythmus einer Weißung, der Farbe der Asche entsprechend, dem Weiß eines verbrannten Haars (»Weißhaar«).[5] Von Metapher zu reden wäre hier nicht angebracht: die Sprache hat das Ereignis direkt in sich aufgenommen. Selbst von ihm umgestaltet, bringt sie es zum Ausdruck als etwas Undenkbares; nur unter dieser Bedingung ist ihr eine Aussage möglich. Das Heilsversprechen Christi hat den Menschen getötet. Eine Sprache, die angemessen sein will, ist denn auch blasphemisch:

> Sie rufen: Ihr lästert!
>
> Wir wissen es längst.
> Wir wissen es längst, doch was tuts?
> Ihr mahlt in den Mühlen des Todes das weiße
>   Mehl der Verheißung
> ihr setzet es vor unsern Brüdern und
>   Schwestern –
>
> Wir schwenken das Weißhaar der Zeit.
>
> Ihr mahnt uns: Ihr lästert!
> Wir wissen es wohl,
> [...]

Im Pronomen »wir« sind der Schreibende und diejenigen vereinigt, denen er sich zuschreibt. Die ungeheuerliche »Metapher« Eichmanns wird aus der Realität der Vernichtungslager in die Realität einer Sprache überführt, die ermöglicht hat, daß jene in der Geschichte existierten. Bevor noch das Gedicht entsteht, gilt, daß kein angemessenes entstehen kann, das nicht auf diese Realität Bezug nähme. Die Lager haben existiert, und existieren *in* der Sprache und *in* den darin aufgehobenen Glaubensinhalten weiter. »Ja, wir lästern.« Die »Mühlen« des Todes: gerade diese Bedeutung war von Holthusen ausgeschlossen worden. Da er die Referenz nicht wahrnehmen wollte, entging ihm auch die Unsinnigkeit seiner eigenen kritischen Terminologie.

Hölderlin

Die Begegnung mit der Landschaft ist zugleich, und noch vor der *realiter* stattfindenden, ein literarischer Dialog und eine literarische Befragung. Das Land selber gehört zur Materie eines Buchs, das *gelesen* und kommentiert, neu geschrieben und umgeschrieben wird. Hölderlins Ode *Andenken,* nach seiner 1802 unternommenen Reise in den Südwesten Frankreichs entstanden, wird in der ersten Strophe durch die Abwandlung der anfänglichen Invokation des Nordostwinds vergegenwärtigt: »Geh aber nun und grüße / Die schöne Garonne«. In noch anderen Entsprechungen wird dieses Thema fortgeführt, dabei aufgegeben und umgestaltet, nach der Logik einer Hommage an die hohe Vision Hölderlins.[6] Sie wird, als eine unter den jetzigen Bedingungen unvertretbar gewordene, innerhalb eines neuen räumlichen Koordinatensystems durch eine gänzlich verschiedene Vision ersetzt. Die Hommage führt zur Infragestellung eines Vergangenen durch Gegenwärtiges. Die von einem historischen Blickwinkel bestimmte Ablehnung trifft sicherlich nicht die Gegenwart, welche dieses Vergangene für Hölderlin war. Der Widerspruch beruht auf Anerkennung. Doch steht zwischen Celan und dem schwäbischen Dichter die Geschichte des Mißbrauchs, zu dem diese Lyrik sich hatte hergeben müssen, eines sowohl von Dichtern als auch von Interpreten getriebenen, und zumal im Dienste der NS-Kulturpropaganda. Hölderlin war für Celan ein deutscher, in Deutschland verherrlichter Dichter der vierziger Jahre (unseres Jahrhunderts).[7] Das Erhabene in seiner Dichtung war vor diesem Makel nicht bewahrt. Wenn er in diesem Gedicht mit Hölderlin eine Ode schreibt, wenn er in anderen Gedichten Formen der großen deutschen Lyrik, der er selbst angehört, fragmentarisch aufgreift, so geschieht dies unter der Voraussetzung, daß das Erhabene, welches weiterhin den Rahmen auch für seine Dichtung bildet, eine Umkehrung erfährt und ins Schreckliche gewendet wird. Es gibt bei ihm eine Erhabenheit der Schwärze; sie besteht in einer Verfinsterung des Erhabenen.

Hölderlins Ode hatte bereits in einem 1953, nach dem Tode von François, Celans erstem Kind, entstandenen Gedicht den Stoff für eine das Thema der Erinnerung aufgreifende Neugestaltung bereitgestellt.

Im Zusammenhang des Gedichts ›Le Périgord‹ ist wohl der Einschnitt von Bedeutung, den die ungemein mühsame Reise im vereinsamten Leben Hölderlins markiert hat, kurz vor dem Tod Susette Gontards im Juni desselben Jahres; des weiteren »die Erschütterungen und Rührungen der Seele«, von denen er in einem Brief spricht[8]; die Distanz, die sich nach dieser Reise ins Ausland zwischen dem Ort seiner Geburt, den er für sich rekonstruiert und zum Ort einer Antithese macht, und der »Erfahrung« des Südens und der Antike herstellte – einer Erfahrung, die in seinem Leben an die Stelle der klassischen Reisen nach Italien oder seltener Griechenland getreten ist, und die sich für ihn in die Zerwürfnisse der Zeit eingliederte; in der Differenz dieser Fremde fand er die ihm vertraute Alterität des heroischen Ideals wieder und stieß vor ebendiesem Hintergrund auf die mächtigen und gewaltvollen Konvulsionen der nachrevolutionären Periode.[9] Von der

Ferne seiner Heimatstadt her, der nun aufgrund der ihr zugeschriebenen synthetischen Kraft eine zentrale Stellung zukommt, zieht er eine Diagonale bis zur Mündung der Garonne und über diese hinaus bis zu den Zielstationen der überseeischen Expeditionen (bei Celan ist diese Diagonale durch die Vertikale des Meridians gebrochen): »und das philosophische Licht um mein Fenster ist jetzt meine Freude; daß ich behalten möge, wie ich gekommen bin, bis hieher!« Damit schließt sich der Kreis. Celan mag nach seiner Rückkehr aus Baneuil nicht nur Hölderlins Ode, sondern auch die wenigen Briefe gelesen haben, die von der Reise nach Bordeaux Zeugnis geben. Es wäre denn naheliegend, daß die Formulierung »ein weither Gekommener« in ›Le Périgord‹ eine Umkehrung der entsprechenden Wendung (»bis hieher«) in dem zitierten Brief darstellt.

Das Gedicht

Le Périgord

Für Marjorie und Jean Bollack

Wohin, mit Wacholdersporen,
reibt dir
das Mittagstier, das man dir lieh?
Für Blau-, für Unendlichkeitstrinke
in die schöne Bordogne.
Ein weither Gekommener, schließt die
mancherlei Kreis, auch hier,
auch solcherart, in
verbranntes Gebiet.

Geheimnisbron, an
üppigen Tabakstauden vorbei,
heißt dir sodann
zu dir zurück,
in die Neige, nach oben.
Sekunden
werfen den Wall auf rings.
Ein Felszacke, schmerzlich,
wirft sich herüber.
Tränen und Jahrtausend
neben die Stehn
für sich.

Nacht. Und der Lautenspruch, lesbar,
flammt übern Steineichenhügel.
Zum Hohlen,
ähten beim Brunnen vergraben
Leuchtjahn
tastet wie sich, deine trockne,
immer noch sehn-
süchtige Seele: ein Tropfen
Feigenmilch fiel
dorthin.

6.8.64

LE PÉRIGORD

Für Mayotte und Jean Bollack

Wohin, mit Wacholdersporen,
treibst du
das Mittagstier, das man dir lieh?
Zur Blau-, zur Unendlichkeitstränke
in die schöne Dordogne.
Ein weither Gekommener, schließt du
mancherlei Kreis, auch hier,
auch solcherart, in
verbrannter Gestalt.

Geheimnislos, an
üppigen Tabakstauden vorbei,
steigst du sodann
zu dir zurück,
in die Neige, nach oben.
Sekunden
werfen den Wall auf rings.
Ein Gedanke, schmerzlich,
wirft sich herüber.
Turm und Jahrtausend
neben dir stehn
für sich.

Nacht. Und der Rautenspruch, lesbar,
flammt überm Steineichenhügel.
Zum hohlen,
unten beim Brunnen vergrabnen

Leuchtzahn
tastet sie sich, deine trockne,
immer noch stern-
süchtige Seele : ein Tropfen
Feigenmilch fiel
dorthin.

6. 8. 64

Der Titel

Das Gedicht ist mit dem Namen der Provinz »Le Périgord« überschrieben, der auf das lateinische *Petrocoricus* und auf die ursprünglich keltische Besiedlung durch die *Petru-* oder *Petrocorii* (d. h. die »vier Volksstämme«), zurückgeht. Celan mag darin nach der Stilfigur der Etymologie eine aus »Stein« (»pierre«) und »Herz« (»cœur«) gebildete Fügung erblickt haben. Als elementare Bausteine der semantischen Refektion nehmen beide Wörter in seiner Sprache eine zentrale Stellung ein; das erste steht in größerer Nähe zu dem in der Sprache Gesuchten und Angestrebten; das zweite hat eher mit dem Gedächtnis zu tun, welches diese Suche aufrechterhält. Dreimal begegnet in den Gedichten das Kompositum »Herzstein«. In ›Sibirisch‹ liest man: »Auch mir / steht der tausendjahrfarbene / Stein in der Kehle, der Herzstein, / [. . .]« (GW I 248). Ein weiterer Vers aus der *Niemandsrose* zeigt, daß diese Steine der sprachlichen Sphäre angehören (die Rede geht von russischer Dichtung): »das dort bereitliegt, einem / der eigenen Herzsteine gleich, die man ausspie / [. . .]« (›Und mit dem Buch aus Tarussa‹, GW I 287-289). Der dritte Beleg findet sich in einem der späteren Gedichte, das die zerstreuten Elemente eines auseinandergebrochenen dichterischen Universums der Reihe nach aufzählt: »der Herzstein durchstößt seinen Fächer, / keinerlei / Kühle« (›Mit Traumantrieb‹, *Lichtzwang*, GW II 303-304).

Die Triade

Im Aufbau des Gedichts bilden die Strophen eine in der Tradition der Ode stehende Triade. Die den einzelnen Strophen eigentümlichen Bewegungen des Indie-Fremde-Gehens, des Sichzurückziehens und der Rückkehr zum eigenen Sprechen sind in sich geschlossen und doch zueinander vermittelt, namentlich im Übergang von der Selbstentäußerung zur Festigung des Ichs und von da zu einem in der wiedererlangten sprachlichen Meisterschaft gefestigten Selbstbewußtsein. Die Diastole des Subjekts (des »du«) wird von der Systole abgelöst; dann folgt das Lied – besser: die Gewißheit eines Lieds. Neun, zwölf und zehn Verse. Der größere Umfang der Sammlungsbewegung in der Mitte des Gedichts wird aus der Analyse der Perioden verständlich.

Die erste Strophe grenzt die Ferne in der Abfolge von Frage und Antwort ein und integriert die neue räumliche Ausdehnung in das Feld der Migrationen des Dichters. Sie gliedert sich in drei Gruppen von zwei, drei und vier Versen, deren letzte dem Porträt des Wanderers gewidmet ist. Die zweite Strophe bricht mit dem dreigliedrigen Aufbau; sie enthält vier Momente (zunächst fünf, dann zweimal zwei, und endlich drei Verse), die sich aber zwei Bewegungen zuordnen lassen: die Öffnung nach außen wird zunächst, der bipolaren Struktur der Sprache gemäß, durch die Retraktion aufgehoben; sodann erfolgt eine Konzentration des Gedächtnisses: das eine, wofür es sich aufspart, ist bestimmt von jenem anderen, wovon es sich loslöst. Die dritte Strophe besteht aus zwei Gruppen von respektive zwei und sieben Versen: die im Rückschlag gebildete und im Zentrum des Gedichts stehende antithetische Vertikale bringt nun ihre Energie zur freien

Entfaltung. Wie so viele andere Gedichte Celans, versichert auch dieses sich des Fortbestands gewisser Konstanten in einer veränderten Situation und fügt sich in die kontinuierliche Bemühung ein, der es seine Entstehung verdankt: nichts anderes hat es zum Inhalt als diese Suche und diese Analyse seines eigenen Sprechens, von der anfänglichen, angesichts der Konfrontation mit dem Fremden formulierten Frage bis zur Organisation des eigenen sprachlichen Raums am Ende. Die semantischen Entsprechungen zwischen den einzelnen Strophen sind, der Tradition Hölderlins und der antiken Chorlieder folgend, durch Wiederholungen markiert, die auf das angestrebte Ziel weisen — sowohl in der Bewegung der Ausdehnung als auch in derjenigen der Zurücknahme: »Zur Blau-, zur Unendlichkeitstränke / in die schöne Dordogne«; »zu dir zurück, / in die Neige [...]«; »Zum [...] / Leuchtzahn«.

Die von der Begegnung provozierte Öffnung nach außen bewirkt einen konträren Impuls. Die Infragestellung des externen Gegenstands führt im Gegenzug dazu, daß das Subjekt sich in eine abgeschlossene Sphäre zurückzieht. Die Bewegung des Sichtreibenlassens und Aus-sich-Herausgehens wird in der Verweigerung des Gegenstands aufgehoben, bleibt aber, vermöge der konstruktiven Kraft der Negation, in verwandelter Form erhalten. Die Attraktion der sinnlich wahrnehmbaren Welt wird eingegrenzt, verneint und in eine strikt autonome Sphäre überführt. Das Subjekt, das als ein »du« angesprochene schreibende *alter ego* des Ichs, folgt einem vertrauten Ruf; dabei entsteht zwischen zwei Polen, einem sternennahen und einem unterirdischen, der Raum, in dem das Lied eine Festigkeit gewinnt, ohne noch sich zu entfalten. Das Gedicht schließt mit diesem Verweis auf die Bedingungen seiner Möglichkeit: es legt eine Probe seiner Fähigkeit zur Selbstbehauptung ab und findet seine Widerstandskraft bestätigt. Die Fremdheit des Beginns hat sich nun in eine interne und nächtliche Fremdheit verwandelt, in der sich die Perspektive für ein Gedicht eröffnet. Das Subjekt tritt, mit sich selbst Zwiesprache haltend, vor das Objekt hin, auf das es zuhält, und beansprucht für sich die magische Gewalt des Namengebens. Der unbekannt-bekannte Fluß trägt, als ein zugleich naher und ferner, die Züge dieser Dualität. Das Lied, das in ein mittägliches Land hinübergerettet wurde, bleibt von der Trauer um die Toten gezeichnet. Das Weiß der Asche übertüncht das Braun der sonnenverbrannten Erde des Südens.

Wohin, mit Wacholdersporen,
treibst du
das Mittagstier, das man dir lieh?
Zur Blau-, zur Unendlichkeitstränke
in die schöne Dordogne.
Ein weither Gekommener, schließt du
mancherlei Kreis, auch hier,
auch solcherart, in
verbrannter Gestalt.

Die erste Strophe

Ein Ich setzt sich fragend in Szene und prüft, Herr über das zu benennende Objekt, seine Verfügungsgewalt über die Sprache. Mit dieser Frage geht die Distanz einher, aus der das lyrische Subjekt zu sich selbst spricht und sich als ein »du« in einen Dialog einbringt. Das sprechende Ich spricht zu sich selber und wendet sich dabei an den Sprechenden ganz so, als spräche es zu einem andern. Nicht ohne ironischen Beiklang: »Was tust du hier noch?«, »Was tust du nun, in dieser Situation?«, »Wohin führe ich dich da?«. Auf dieses »auch hier« und auf die darin ausgedrückten Zweifel antwortet das »immer noch« in der dritten Strophe. Die lyrische Frage, wie sie in der Tradition der pindarischen Ode thematisiert wird, verrät Ironie und Distanz. Zwar wird sie beantwortet: »Die schöne ... will ich besingen« – doch ist dieses Schöne, das so schön tut, ja vielleicht gar nicht schön. Der Name des verführerischen Gegenstands wird ausgesprochen und wieder zurückgenommen, die Annäherung gleichsam aufgehoben und von der lückenlosen Negativität einer universellen Erfahrung absorbiert, die keine Ausnahme duldet. »Hierher hat es mich geführt; doch auch dies ist mir nicht zugebilligt; das Nein wird mir nicht auferlegt: die Weigerung geht von mir aus.«

In der Situation, deren Rahmen und Akteure beschrieben wurden, gab es den »geliehenen« Hund, der auf den Spaziergängen durch die Heide um uns herumlief. Das »Tier, das man dir lieh« könnte einem Augenzeugen diese ganz und gar anekdotische Szene in Erinnerung rufen. Der Cockerspaniel lebt auf diese Weise als ein »Prätext« in der Formulierung des Textes fort. Wollte man sich auf dessen deskriptive Funktion beschränken, so wäre damit der Lektüre ein vorzeitiges Ende gesetzt; das rohe Faktum wird aber selektiert, um in ein geschlossenes System von Bedeutungen aufgenommen zu werden. Dieser Transfer betrifft eine Unmenge vergleichbarer Elemente im Werk. In Ermangelung zufälliger Informationen oder biographischer Kenntnisse richtet sich die Bemühung des Lesers unmittelbar auf den stringenten »Sinn« und seine Kohärenz. Es ist dies der einzige ihm offenstehende Weg – kann er doch weder erkennen noch analysieren, wie sich die Übertragung aus einem Bereich in den anderen vollzieht, vom Zufälligen zum Notwendigen, vom sinnlich Wahrnehmbaren zum Sinn. Im Kontext, den das Gedicht sowohl voraussetzt als auch rekonstruiert, erhält dieser Satz, der auf ein wirklich vorhandenes Tier schließen lassen könnte, eine völlig andere Bedeutung. Unter diesem Aspekt muß das Tier als ein Pferd oder Streitroß aufgefaßt werden und entspricht damit der bei Celan gebräuchlichen Setzung von »Ritt« oder »reiten« für die eigene Progression des Gedichts. Als performative Aussage realisiert diese Progression sich im Sprechen des Gedichts, sie *ist* das entstehende Gedicht. Dieses wäre demnach nicht eine bloße Interpretation der wahrgenommenen Realität; vielmehr wäre vom Wort auszugehen, welches schon allein deswegen den Gedanken an ein Pferd suggeriert, weil im ersten Vers von »Sporen« die Rede ist.

Ohne daß damit ein Verlust an Präzision gegeben wäre, dürfte das Feld aber noch weiter gesteckt sein. Das »Mittagstier« muß wohl der tollen Stunde der im Zenit stehenden Sonne zugeschrieben werden und in seinem Aussehen dem Pan oder einer faunischen Bocksgestalt nahestehen. Damit tut sich eine ekstatische Perspektive auf, eine sommerlich überschäumende Tendenz zu Überfülle und Überschwang (diese

Expansionsbewegung kulminiert, vor ihrer Umkehrung, am Beginn der zweiten Strophe). Mit dieser panischen, im genauen Sinn »mittäglichen« Orientierung gewinnt die in dem »getriebenen« Tier, aber auch in dem »Wacholder«[10] und den »Sporen« präsente sexuelle Konnotation an Bedeutung; sie wird durch die Wiederaufnahme des Themas am Ende der dritten Strophe noch unterstrichen. Die beiden Stellen, mit ihrem je eigentümlichen semantischen Gefüge, stehen in einem Verhältnis der Abhängigkeit und des Widerspruchs. Die Üppigkeit der Vegetation, ihre natürliche Fülle, wird in eine Sphäre des Mangels übertragen, in der sie, konzentriert und in Schranken gehalten, einen um so mächtigeren Reiz ausübt.

Entlehnt – und in dieser Begegnung als einem Grenzfall des noch Möglichen umgesetzt – wurde zunächst unzweifelhaft der Odenstil selbst, die Richtung aufs Erhabene hin, die hier in geringerem Maße gebrochen erscheint als sonst bei Celan; des weiteren der von Hölderlin besungene französische Südwesten, die üppige Natur, die christlich-feudalen Wehrtürme, der überwältigende Glanz des sommerlichen Lichts. Die Attraktion des Südens hat den Dichter in das Abenteuer einer Anleihe hineingezogen; nun ist er in einem allzu offenen Kreis befangen. Ein Unbekanntes, jenes »man« in der Formulierung »das man dir lieh«, weist dem »du« die Rolle eines Fremden zu und zieht ihn unaufhaltsam in die Ferne.

Die Meridiane ziehen ihre Kreise über jener Vertikalen, der entlang sich in der Sprache der Himmel mit dem Abgrund verbindet; auf dieser festen Linie beruht die Beweglichkeit der Kreise, ihre im Durchgang durch die Finsternis erlangte Ubiquität:

Gib deinem Spruch auch den Sinn:
gib ihm den Schatten.

Gib ihm Schatten genug,
gib ihm so viel,
als du um dich verteilt weißt zwischen
Mittnacht und Mittag und Mittnacht.

(GW I 135)

Der Dichter sucht dieser Schwärze nicht zu entrinnen, er spürt die Anziehungskraft des Sterns, der nach dem zu ihm gespannten Faden verlangt, um sich im Glanz der Wortdünung zu spiegeln.[11] Der Stern erstrahlt in der Wahrheit der Nacht. Eine Bewegung zeichnet sich in der Mitte dieses Aufglänzens ab: sie stellt sich zugleich als ein Abstieg dar – zu einem Oben, das ein Unten ist, zwischen Mittnacht und Mittnacht. Die Nacht gewinnt ihr Licht aus der selbstleuchtenden Dunkelheit, sie bringt »rings« ihre Stunden hervor. Ein Reich des Späten, Letzten und Erfüllten, des Siebensterns, all der »September« im Werk.

»Mittag« und »Kreis« gehören zusammen. Der »Mittagskreis« ist ein anderes Wort für den *Meridian,* und in dem von der gleichnamigen Darmstädter Rede definierten Verständnis ist denn auch das Wort zu lesen.[12] In der Begegnung stellt sich eine Verbindung zwischen zwei Orten her, zwischen einem Ursprung und einer Entfernung, in der schon die Rückkehr zu sich selbst vorbereitet ist. Der Kreis behält nichtsdestoweniger seine eigene semantische Potenz; einer dieser Kreise wird hier geschlossen, ein »meridionaler«. Auf dem Umweg über den Süden, über die sonnengebräunte Haut der Frauen in Hölderlins Gedicht, tritt der »Mittag« in Relation zum Brandmal der Todeslager.[13] Die unregelmäßigen Kreise, die das helle Fell des Hundes zur Mittagsstunde und unter einer brennenden Augustsonne auf dem vergilbten Gras der Heide zog, dabei dem, der für die Zeit einer Stunde sein Herr war, folgend und vorauslaufend, diese Kreise lieferten die Zeichen für die in der Rede genannten – die »Meridiane« oder »Mittagskreise«. Hölderlins Vision, die im Gepräge einer Landschaft eine Konvergenz universeller geschichtlicher Entwicklungen verkörpert fand, ist nicht mehr tragfähig. Es gibt keine Kontinuität zwischen den Kreisen. Gemeinsam ist ihnen nur, daß sie den Standort der Person durchlaufen und von daher ihre Bedeutung beziehen. Der Ursprung (»weither«) bildet einen der Pole, den Ausgangspunkt, die anfängliche Ferne. Im Zentrum steht die Vertikale und durchschneidet die waagrechte Linie; die Brechung hat eine vermittelnde Funktion. Die Entfernung der Begegnung am anderen Ende ist nicht geringer als die des Anfangs. Das Blau, es ist die bevorzugte Farbe des Dichters, geht unter diesem Himmel über ins Unendliche, in eine Entgrenzung, in der alle Endlichkeiten, alle Vertikalen bedroht sind; es wird so in das Wagnis einer allzu weit gefaßten Antithese und Konfrontation einbezogen. Man überläßt sich der Ekstase; das Moment der rauschhaften Hingabe wird sodann umgesetzt: im zweiten Schritt erprobt die ursprüngliche Konzentration von neuem ihre Kraft. Die von Hölderlin angestrebte Vereinigung vollzieht sich bei Celan im Rückschlag auf einen Punkt, der von der Erfahrung der Person bestimmt ist, als der einzigen Beziehung, die nicht mythisch ist, sondern existentiell, individuell und historisch.

»Weither«, das meint zunächst: aus der Bukowina; aber auch von noch weiter her: aus dem Raum jenes Nichts, in dem die Vertikale wurzelt, von der Erfahrung dieses Nichts, die die Juden gemacht haben, von der seither in der Geschichte geltenden Kassierung allen In-die-Fremde-Ziehens. Jegliche Reise, wohin sie auch gehen mag, entfernt sich von diesem Punkt und trägt diese negative Ubiquität notwendigerweise in sich. Der Ursprung liegt im Osten, in dem die Vernichtung stattgefunden hat: aber diesen Orient trägt der Dichter überall mit sich herum, in seiner Sprache, in der eine nördliche Wahrheit aufbewahrt ist, geprägt von den Nebelschwaden, aus denen die Horden hervorbrachen, und geprägt von der Nacht seiner Trauer. Die Finsternis erhält den Charakter des Ursprünglichen, in dem Sinne, daß sie nun ein Zentrum bildet, den Maßstab aller Entfernungen. Alles sprachlich Wahrgenommene setzt diese Distanz voraus: fremdartig und leicht tritt es vor all dem Verlorenen ins Blickfeld. »Hier«: das Adverb markiert, mit dem *nunc* der Retraktionsphase korrespondierend, das *hic* des Gedichts; es zeugt von den Schwierigkeiten, die eine solche Öffnung auf die Alterität, die Flucht vor ihr und die schicksalhafte Rückkehr zu sich und zur Finsternis je mit sich bringt. Jeder dieser Versuche ist potentiell der letzte. Das erste der beiden »auch« bringt denn auch die Möglichkeit zum Ausdruck, daß der Kreis in einem neuen und vielleicht unwiederholbaren Anlauf »auch hier« sich schließen könnte.

Das zweite »auch« (»auch solcherart, in verbrannter Gestalt«), meint einen der von den germanischen Nebeln am weitesten entfernten Kreise.[14] Der Kreis des Südens schlägt den Bogen zu jenem blendenden Licht in der Ferne, dessen Gleißen im Wettstreit steht mit dem nächtlichen Licht, das das Gedicht an seine Stelle setzt. Das Leuchten wandelt sich in ein Brennen: im versengten Gras, in der dunklen Haut der Menschen. In dem Maße, als ihm jene verkohlte Farbe zu eigen ist, trägt auch das so vertraulich angesprochene »du« die Züge dieser Landschaft.[15] Das dritte Glied (»in / verbrannter Gestalt«) führt ins Zentrum des Meridians, in jenes Nichts, aus dem die Vertikale emporsteigt. Dabei entsteht die Skizze eines Porträts, das der Schluß weiter ausführt (auch insofern sind die erste und die dritte Strophe miteinander verknüpft, wie bereits in der erotischen Ekstase).

In der offenkundigen (und bewußten) Wiederaufnahme von *Andenken* wird der Name des Flusses geändert (»Geh aber nun und grüße / Die schöne Garonne, / Und die Gärten von Bourdeaux / [...]«), das Adjektiv aber beibehalten[16]; die Geste des Zitats, durch den Austausch des Referenten eher noch verdeutlicht, weist dem Strom einen Ort in der mythologischen Topographie Hölderlins zu. Das Gedicht nimmt auf ein anderes Bezug; der Sinn des Zitierten bleibt darum nicht intakt; die Ironie macht es als eine kompromittierte Form des Dichtens kenntlich, als eine versagte Form der Unmittelbarkeit. Das Tier wird nicht zum so schönen Wasser getrieben, um dort mit einer heroischen »Schönheit« getränkt zu werden. Worin, wenn nicht in einer Spiegelung des Todes, könnte diese denn bestehen, wenn man von so weit her kommt, und zugleich aus dem unverändert bewahrten Zustand der Zerstörung im benachbarten Oradour, einem weiteren Zentrum des Meridians, das hier, wie überall, so greifbar nahe ist?

Hölderlins Verse wurden schon von Günter Eich zitiert, in dessen 1948 veröffentlichtem Gedicht *Latrine*.[17] Seine Drastik entspricht der expressionistischen Tradition. Zwei unversöhnliche Sphären stehen einander gegenüber: die ästhetische Intention über der Kloake; eine rohe und fäkale Wahrheit unter den Ärschen, während sich zugleich im selben Körper eine himmelblaue und poetische Reinheit erhält. Die weißen Wolken werden von Latrinendünsten weggeschwemmt. Das Ideal ist dort gelandet und vermischt sich nun mit dem Urin. Im brutalen Zusammenstoß der Realitäten, in ihrer Unversöhnlichkeit, vernichtet ein Pol den anderen.

Die Wiederaufnahme bei Celan ist von ganz anderer Art. Sie vollzieht sich von innen heraus, innerhalb der Grenzen eines identischen Bezugsrahmens. Dadurch wird dem Ideal direkter widersprochen, da die poetische Materie auf ihr neues Gesetz bezogen und nicht nur in der unerträglichen Wahrheit einer objektiven Realität situiert wird. Die Wolken sprechen aufs neue, in einer anderen Sprache.

In dem äußerlich unveränderten Attribut ist der Transfer bereits vollzogen. Ein historisches Bewußtsein hat die Bedeutung der Verbindung neu fixiert. Die Schönheit ist so nicht die des für das Auge vorhandenen Gewässers; vielmehr leitet sich die Schönheit von einer Angemessenheit ab, die diesem erst verliehen werden mußte, die erst durch die geglückte Arbeit an der Sprache sichtbar wird. Der Fluß und sein Wasser werden in diesem Sinne umgefärbt. Das Blau verhängt und verhüllt die Schwärze, wie in so manchen anderen Texten. Es verweist aber auf den Glanz des Himmels und seine Spiegelung im Wasser doch nur *via negationis*, durch die Umwandlung des Objekts, und einer Landschaft in ihrer Gesamtheit, welche im Gedicht aus dem Bereich des Sichtbaren in die Sphäre einer eigenständigen Visualisierung überführt wird. Der Realitätsbezug bleibt im Element des Wassers so weit gefaßt, daß der Transfer sich zunächst nur auf die unerschöpfliche Fülle bezieht. Das In-die-Ferne-Streben verbindet sich so mit einer Öffnung zur Alterität hin. Die privative Vorsilbe im Wort »Unendlichkeit« meint nicht die Überwindung der Endlichkeiten – diese bleiben gerade das Ziel –, sondern stellt sie in die Weite der grenzenlosen Reserve, der dauernden, stets komplementären Offenheit, aus der sie geschöpft werden.[18] Im verschwenderischen Reichtum der Landschaft ließe sich freilich eine Realität vermuten, mit der kein auf Wahrheit bestrebter Sprachgebrauch in Einklang zu bringen wäre; doch ist bereits die durch ihre unmittelbare Fremdartigkeit gekennzeichnete Überfülle als solche, als eine Quelle steter Bereicherung, in das Reich der Finsternis transferiert. Das Gedicht reduziert sie nicht, es bewahrt sie, indem es sie umformt.

Geheimnislos, an
üppigen Tabakstauden vorbei,
steigst du sodann
zu dir zurück,
in die Neige, nach oben.
Sekunden
werfen den Wall auf rings.
Ein Gedanke, schmerzlich,
wirft sich herüber.
Turm und Jahrtausend
neben dir stehn
für sich.

Die zweite Strophe

Die Öffnung auf ein Draußen bewirkt eine Selbstentäußerung und einen Verlust an Dunkelheit, an »Geheimnis«.[19] Sie hat, wie auch das Vorbeigehen an den
fleischigen Blättern einer tropischen Pflanze, zwei
Aspekte: man nimmt Abschied von der üppig wu-
chernden Vielfalt, indem man an ihr vorübergeht,
ohne zu verweilen; doch wird sie auch eingebracht, als
der Ertrag und die Ausbeute aus dem Bereich, den
man hinter sich läßt. Die Phase der erneuten Kontrak-
tion (des »sodann«[20]) wird von all den Virtualitäten
einer Verweigerung gleichsam vorweggenommen, von
all dem, was das Übermaß für die Negation bereitgestellt hat. Die Rückwendung auf das Selbst setzt der bis
zu jenem Fluß sich erstreckenden Ausdehnung von
Reise und Zeit ein Ende; sie führt zu ihrer lotrechten
Mitte zurück und zu dem Meridian, der sie belebt. Die
gegensätzlichen Momente kommen in den semantischen Entsprechungen beider Strophen zum Ausdruck, in den streng aufeinander bezogenen Versen:
»zur ... Tränke«, »zu dir«; »in die ... Dordogne«, »in
die Neige«. Zweimal sind, in jeder der Strophen, dieselben Präpositionen gesetzt, für die horizontale
Dehnung und deren darauffolgende Aufhebung im
Aufblitzen einer zwischen oben und unten oszillierenden Bewegung. Das Wasser des Flusses, vorerst aus
dem Blick geraten, findet sich am Ende im Brunnen
wieder.

Während sich der Rückzug vollzieht, kommt ein
Schwingen zwischen zwei Polen in Gang, worin sich die
Identität des Subjekts, des sprechenden »du«, heraus-
bildet. Später, in der dritten Strophe, werden dann die
beiden Pole zu leuchten beginnen, und zwar in dem
Maße, als die Wörter ihre eigene eidetische Kraft ent-

wickeln. Das Zurück ist ein Aufstieg, wird jedoch als ein
Abstieg dargestellt, der nach oben führt. In der Drei-
ecksfigur scheint die Höhe auf den ersten Blick zweimal vertreten zu sein. Die beiden Aufwärtsbewegun-
gen befinden sich aber zweifellos nicht auf ein und
derselben Ebene.[21] Die zweite (»nach oben«) knüpft
sich enger an die »Neige«, an ihr Gegenstück in einer
Beziehung, die sich nicht als ein Gegensatzpaar be-
schreiben läßt, und erläutert diese: das Oben ist hier,
im Schattenreich; hier glänzt, kraft einer Umkehrung,
der Stern. Den Ausgangspunkt bilden nicht, wie in
einer kosmologischen Projektion, zwei voneinander
geschiedene Pole. Vielmehr entspringt der eine aus
dem andern; das die sprachliche Materie erhellende
Licht entsteht in der Schwärze, im Akt der Negation,
durch dessen Energie. Der Abgrund schafft sich seinen
Himmel.

Die Autonomie des Gedichts beruht auf der Vertika-
lität, auf der in dieser Nacht vollzogenen Trennung.
Die Phasen des Dreischritts sind nicht in eine zeitliche
Abfolge gegliedert. Die Konstruktion vollzieht sich
blitzartig, als ein gleichzeitiges Geschehen: ein Bezirk
wird abgesteckt, ein geschlossener Raum. Er belebt
sich, bemächtigt sich der aufgenommenen Projektio-
nen; behauptet sich und erstarkt.

Die Sekunden errichten ein Bollwerk.[22] Das lateinische »secare« klingt hier mit: sie schneiden jede Verbindung ab und isolieren. Sie kommen aber auch,
im Sinne des französischen »second«, als ein Zweites,
Folgendes.[23] Die Konzentration ist eine Phase des
Sichlosreißens. In ihr wird eine »andere« Stimme ver-
nehmbar: der »immer zweite« Ton. Der Bruch mit
der bestehenden Sprache, den das Totengedächtnis
erheischt, ist nun geleistet. Der Raum öffnet sich, in
seiner Differenz und Autonomie; er verdichtet sich,
füllt sich mit Schwärze. Die Negation bringt die Kon-

zentration hervor. Die Bewegung erstarrt, nachdem sie sich vom Lauf der Dinge getrennt hat.

Der Schmerz richtet sich in dieser Tiefe ein: er folgt dem Faden der in der Vergangenheit zerstörten Leben.[24] Moment einer Konzentration, der poetischen Namengebung: »Die Strahlen [...] / Wir tragen den Schein, den Schmerz und den Namen« (›Weiß und leicht‹, *Sprachgitter*, GW I 165-166). Das Moment der Konstituierung des geschlossenen Raums ist eng mit dem der Aufnahme verknüpft. Beider Zusammenspiel wird durch den Gebrauch ein und desselben Verbums (»werfen ... auf«, »wirft sich ...«) unterstrichen. Ein vom natürlichen und affirmativen Leben abgeschotteter schützender Bezirk, der hier einer militärischen Wehranlage nachgebildet ist, zieht das historische Geschehen in seinen Bannkreis und ruft den Schmerz auf den Plan, in dem all der Peinigungen gedacht wird.

Das Gedicht ›Andenken‹ in *Von Schwelle zu Schwelle* (GW I 121) bezog die Erinnerung an François[25] auf das unveräußerliche, unverbrüchlich persönliche Ereignis, das der Tod im Leben eines Individuums darstellt. »Feigengenährt sei dein Herz / darin sich die Stunde besinnt / auf das Mandelauge des Toten« (das Thema wird in der dritten Strophe wiederaufgenommen). In Hölderlins Gedicht, von dem hier bereits die Überschrift übernommen worden war, ist die Landschaft mit einer transkontinentalen Vision des Schicksals der Menschheit verbunden. Celans Ode aus dem Périgord, in derselben Landschaft entstanden, setzt das Gedächtnis frei. Es wird sodann eingeengt, es heftet sich an die Verbrechen und Verfolgungen des NS-Regimes, an die Geschichte der Katastrophe, die den Dichter als Person bewegt – als ob keine andere wahrgenommen werden könnte außer dieser einen, die zum bestimmenden Bezugspunkt wird. Auch die Vergangenheit ist eine Erfahrung, die von der Person getragen wird;

deren »Gedanken« sind mit dem Andenken verklammert, mit dem Nicht-vergessen-Wollen, in dem sie sich frei entfalten.

Die jahrhundertealte Geschichte der Unterdrückungen wird hier von einem Individuum auf der »Neige« einer Sprache erlebt, die sich dem Verlust zu widersetzen vermag, indem sie ihn in ihre Mitte aufnimmt. Ein von weit her gekommener, allgegenwärtiger »Gedanke«[26], für den die Distanz konstitutiv ist, wurde an diesen Punkt geführt und ermöglicht den Widerstand aufrechten Stehens[27] – aufrecht wie der ragende Turm, den das Auge wahrnimmt. Die Vertikale des Gedankens behauptet sich als eine Gegeninstanz; ihre Macht ist nicht weniger »tausendjährig«, in der besonderen Bedeutung der Wörter, als die der sichtbaren Herrschaftssymbole. Im Gedicht ›Lyon, Les Archers‹ (*Fadensonnen*, GW II 130), bei dem es sich um eine explizite Wiederaufnahme handeln dürfte, werden im Rahmen einer ganz ähnlichen Opposition die Seiten vertauscht. Das »Jahrtausend« der von der Geschichte Ausgeschlossenen und der Rebellion ist das »Neben-Jahrtausend«, es »fremdet sich ein«. Doch steht wohl nicht ein Turm gegen den andern. Die Wörter steigen aus dem Abgrund auf, sie entfalten sich nicht »neben« den Toten, gehen nicht an ihnen vorbei. Auf die Phase der vollzogenen Trennung folgt in der nächsten Strophe unmittelbar die sprachliche Neuschöpfung, freigesetzt mit der Nacht und dem Aufflammen des Sterns. Die »Sekunden« haben die Überhand gewonnen, die tausend Jahre (mit ihnen das Unzählbare, das Verrinnen der Zeit und des Werdens), die aufgeführten Bollwerke, die sich der Zeit angleichen, um sie zu bemeistern, haben ihren Ort nun »daneben«, abseits, als etwas anderes, »für sich«. Die Identität des lyrischen Subjekts ist davon nicht mehr berührt. Richtiger noch: es hat sich davon befreit. Die Beziehung zum Objekt hat sich in der äußersten Spannung geklärt. In seiner Verschiedenheit, als ein anderer, bewohnt der Dichter den Turm nicht mehr. Gegen den Turm »neben ihm« hat er ein Jahrtausend, das keine Türme kennt, in seine Sprache einbezogen.

Nacht. Und der Rautenspruch, lesbar,
flammt überm Steineichenhügel.
Zum hohlen,
unten beim Brunnen vergrabnen
Leuchtzahn
tastet sie sich, deine trockne,
immer noch stern-
süchtige Seele : ein Tropfen
Feigenmilch fiel
dorthin.

Die dritte Strophe

Im Zenit des Augusthimmels leuchtet, rautenförmig, das Sternbild des Kepheus.[28] Als ein zu entziffernder Spruch steht diese Devise am Himmel und wird »gelesen«, gelesen und benannt. Sie flammt und bedeutet. Teilt man die geometrische Figur durch die Mitte, so erhält man zwei Dreiecke, die, verkehrt übereinander gelegt, den Davidsschild ergeben; in dieser Anordnung aber bilden sie eine zweispitzige Pike. Dies ist das kabbalistische Gestirn, das dem Dichter in seiner Nacht zur Orientierung dient.[29] In der *Niemandsrose*, im Gedicht ›Hüttenfenster‹, stehen die Verse:

> [...] pflückt
> das Sternbild zusammen, das er,
> der Mensch, zum Wohnen braucht, hier,
> unter Menschen,
>
> [...]
>
> baut ihn, den Davidsschild, läßt ihn
> aufflammen, einmal,
>
> läßt ihn erlöschen – da steht er,
> unsichtbar, steht
> [...]

(GW I 278-279)

Der Stern ist in die Nacht versetzt worden; dort glüht er nun, als ein Unsichtbarer, und *steht*, leistet Widerstand, in der Welt der Sprache. Die Wiederaufnahme des Zeitworts »flammen« in Verbindung mit dem Zeugnis des Sterns läßt den Leser, der nun seinerseits die Lektüre des Dichters liest, in der Stelle ein genaues Zitat erkennen. Er findet wieder, womit die Geschichte den nächtlichen Raum seiner Dichtung erfüllt hatte. Die affirmative Bewegung verdankt sich dem in den Abgrund versenkten Leuchten.[30] Die aufsteigende Linie wurde dann in einem zweiten Schritt dem Abgrund abgetrotzt; auch die jahrhundertalte Tradition des Widerstands am Ende der zweiten Strophe ist dem Stern nachgebildet (seinem aufrechten Stehen, wie am Ende der zitierten Stelle aus ›Hüttenfenster‹).

Die These eines Transfers des himmlischen Feuers in den autonomen Raum sprachlicher Kreativität läßt sich durch die Erinnerung an einen Ausflug untermauern, der uns während dieses Aufenthalts an einem Nachmittag zu einer südlich der Bastide von Montpazier gelegenen Schloßburg, dem Château de Biron, geführt hatte. Der Name rief den Vers aus Nervals *El desdichado* ins Gedächtnis: »... Lusignan ou Biron«. Wir rezitierten während der Fahrt das Sonett, das Celan einige Jahre zuvor ins Deutsche übertragen hatte. Heute noch klingt mir seine feste Stimme im Ohr:

> Je suis le ténébreux, – le veuf –, l'inconsolé,
> Le prince d'Aquitaine à la tour abolie:
> Ma seule *étoile* est morte, – et mon luth constellé
> Porte le *soleil* noir de la *Mélancolie*.

Die Strophe lautet in Celans Übertragung (GW IV 809):

> Ich bin der Immerdüstre, der Witwer, trostverwaist,
> Der Aquitanenfürst vom Turm, der nicht mehr
> steht:
> Des Sternenlosen Laute, mit Sternen übersät,
> Sie trägt die Schwermutssonne, die schwarze, die da
> kreist.[31]

Die Nacht ist wieder in ihre Macht eingesetzt. Aus nur einem Wort bestehend, in dieser größtmöglichen Kürze, bringt der Satz am Beginn der Strophe das Gelingen zum Ausdruck, das erfüllte Hinübergleiten in die sternenübersäte Sphäre der Namen. Der Stern glänzt über dem »Steineichenhügel«. Wieder spannt sich die vertikale Linie zwischen den beiden Endpunkten des Bogens. Oben: der Stern. Unten: der alles zudeckende »Hügel«; er öffnet sich wie eine Gruft auf die Tiefe des Abgrunds hin, in semantischem Einklang mit »hohl« und »vergraben«.

Um das Kompositum »Steineichenhügel« zu entziffern, hat man der doppelt vertikalen Bewegung zu folgen, ihrem Hinabtauchen und Emporsteigen. Die Steineiche war präsent, nahe beim Turm, genau wie der Brunnen im Hof. Die darin sich abzeichnende Landschaft stimmt zur romantischen, auf uralte, vielleicht gallische Zeiten verweisenden Feudalität von Bergfried und Rundturm; doch wird dieser Zusammenhang durch die Wörter außer Kraft gesetzt, die sich von der Realität, die sie für gewöhnlich bezeichnen, ablösen. Das Kompositum, mit dem im Deutschen die Spezies bezeichnet wird, unterstellt den Eichenbaum dem »Stein«. Die Eiche ist unwiderruflich das Emblem der NS-Armee, des von der Wehrmacht verbreiteten Todes.[32] Der Stein aber ist bei Celan, wie der Stern, ein Leit- und Orientierungspunkt der Dichtung, an dem eine Progression sich ausrichten kann: »Der Stein. / Der Stein in der Luft, dem ich folgte«, heißt es in den Anfangsversen des Gedichts ›Blume‹ (*Sprachgitter*, GW I 164). Sein Gewicht leitet sich von der Vernichtung und dem Nichtsein her. In ›Totenhemd‹ liest man: »Was du aus Leichtem wobst, / trag ich dem Stein zu Ehren« (*Mohn und Gedächtnis*, GW I 53). Es ist das Gewicht all der Tode, das die Wörter beschwert, die Last des Schicksals, die sie tragen. Die einzelnen Bestandteile des Wortes »Steineiche« – der Baum steht als solcher auf seiten der Toten – gehen so *in der Sprache* eine Verbindung ein. Die Vergangenheit der Judenvernichtung ist in den Eichen abzulesen, wie im »Stein« und dann im Stern, der über ihnen flammt.

Dem oben schimmernden Stern entsprechen unten, im Abgrund, unterirdische Gewölbe und Grabsteine. Die Leuchtkraft des dort vergrabenen Zahns beruht auf der Leere, auf der Resonanz der Höhlung in seinem Innern. Das Wort »vergraben«[33] bestimmt nicht nur den abyssalen Ort; durch die Assoziation von »graben« und »Grab« (oder »Grabhügel«, und in Analogie dazu: »Steineichenhügel«) zieht es eine enge Verbindung zwischen dem Zahn – der Invektive, dem aggressiven Gebrauch der Sprache –, und dem geschichtlichen Ereignis der Vernichtung oder, allgemeiner gefaßt, zwischen dem Graben in den sedimentierten Schichten der Sprache und dem Tod.

Auf ähnliche Weise schlägt die erotische Ekstase einen Bogen zwischen dem Totengedächtnis und dem Aufschäumen der poetischen Inventio. Zahn, Brunnen, Grab: die verschiedenen Hohlräume korrespondieren miteinander im Modus des Nächtlichen. Der Beginn der dritten Strophe leitet zugleich auch ein Liebesgedicht[34] ein; die anschließende Konjunktion (»Und ...«) gehört zu diesem Motiv, ebenso das flammende Gestirn. Die Feige notiert seit alters, auch schon in der Antike, das weibliche Geschlecht. Mit der »Milch« tritt wiederum die ein Oben und ein Unten verbindende Vertikale hervor; das Glitzern der Milchstraße verlagert sich in die gewölbten Tiefen eines Abyssus, der weniger einem mythischen tellurischen Reich entspricht als vielmehr einem Totenreich. Die Produktivität der Sprache, die nahe dem Brunnen sich staut und andrängt, ordnet sich dem Gedächtnis unter und gehorcht seiner magnetischen Anziehungskraft;

das Rauschen des Wassers (›... rauscht der Brunnen‹) zeugt von dieser Ausrichtung.[35] Die Energie des Widerstehens stützt sich auf die Lust, sie festigt sich im Augenblick der Vergessenheit. Daß die Feige beides meint, den Widerstand ebenso wie die befreiende Ekstase, verdeutlicht der Text selbst in der Beziehung von Frucht (in deren abstrakt sexueller, ekstatischer Bedeutung) und »Zahn«; aber auch der Anfangsvers des Gedichts ›Andenken‹: dort wird der Wunsch ausgesprochen, daß das Herz »feigengenährt«[36] sei – daß es, nach einem Vers aus der *Niemandsrose*, die Widerstandskraft einer Zitadelle besitze: »das Herz ein befestigter Ort« (GW I 261).[37]

Der Brunnen am Fuße des Turms von Baneuil – »im Hofe«, wie es bei Hölderlin heißt – hat seinen Ort nicht in der Ode: er wird dort durch einen andern »Brunnen« vertreten, der als ein Wort von Celans dichterischem Kosmos bereits im ersten Gedicht von *Mohn und Gedächtnis* auftritt und das unterirdische Hervorquellen und Anströmen der Wörter bezeichnet. Dieser Brunnen erst wird bedeutsam; sein Wasser wird in dem sichtbaren Brunnen erkenntlich, den er überlagert und verdrängt. Ein konstanter Widerspruch durchzieht so die Wirklichkeit: Brunnen steht gegen Brunnen, der eine wird zugunsten des andern aufgegeben. In dieser Konfrontation behalten die nächtlich bestimmten Zeichen die Oberhand.

Die »Seele« hält auf ihrer Wanderung dem Gedächtnis die Treue; sie fühlt – »immer noch« – die magnetische Anziehungskraft des nächtlichen Lichts. Der Zug zum feuchten Element verbindet sich mit der Streitlust, der Lust zur polemischen Auseinandersetzung. Daran heftet sich die Identität des Dichters; sie hat für sich einen Gegenturm aufgerichtet. Der Zahn[38] bezieht seine Aggressivität aus dem Nichts, das er umschließt, aus der Leere, dem Freien.

Die Frage, ob es sich bei dem Wort »Leuchtzahn« um einen Neologismus handelt oder ob es aus einer Fachsprache übernommen wurde, ist letztlich nicht entscheidend.[39] Der Wortbildung nach gehört es in eine Reihe Celanscher Komposita, in der das Element »Leucht-« seine eigenständige semantische Funktion bewahrt (»Licht gebend«, ähnlich wie in »Leuchtspan«). Die Zusammensetzung ist hier ein Vektor der Refektion; an der Flamme des Siebenleuchters entzündet sich die makkabäische Auseinandersetzung. Im Feld der neukonstituierten Bedeutungen beschreibt das erste Wort die Bahn eines besonderen sprachlichen Leuchtens. Streitbar, »zahnbewehrt« und polemisch rüstet dieses kommemorative Licht zum Kampf gegen das Vergessen.

Die emblemhafte Konfiguration in den letzten Versen setzt die Zeichnung des in der ersten Strophe entworfenen Selbstporträts fort – Definition eines »Selbst« im Augenblick größter psychischer Gespanntheit, das den Rhythmus der Inspiration, der pulsierenden pneumatischen Bewegung bestimmt. Die den Gegensätzen ausgesetzte Seele behält ihre ganze Kraft in der Spannung zwischen der Dürre und dem Durst nach Erfülltheit. Der Stern, gerade als ein abwesender, hat immer noch Licht. Das (selbst thematische) »immer noch« zeugt von der Überwindung der Ermattung, von einem zusätzlichen, letzten Aufgebot an Bitterkeit. In der Phase des Rückzugs wurde die wehrhafte Stellung gegen die Angriffe aufgebaut, denen Celan ausgesetzt war oder sich ausgesetzt sah (beide Aspekte sind unauflöslich ineinander verwoben). Das Mauerwerk im Gedicht hat als schützende Umwallung seinen besonderen Sinn im Kontext des Jahres 1964, desgleichen der Zahn, der den Gegenangriff vorbereitet.

Damit haben die Rückkehr zu sich selbst und die neu konstruierte Verankerung schließlich den nötigen Rückhalt geschaffen, den der anfängliche Vorstoß ins

Fremde voraussetzte. Wie zahlreiche andere Gedichte Celans hat auch dieses nichts weiter zum Inhalt als die Entfaltung einer solchen Bewegung. Sie führt hier zu einer Involution; die Sprache vergewissert sich ihrer selbst und vermag so, indem sie sich selbst erforscht, eine Aussage über sich selbst zu treffen. Sie inauguriert eine kritische Lyrik, die sich in der Beschränkung auf die eigene Sphäre durchdenkt und vertieft, in dem unablässigen Bestreben, ihre eigene Praxis zu erläutern und sich selber zu definieren. Die kritische Dimension besteht darin, daß die Behandlung des Materials als solche dargestellt wird, als bewußte Behandlung nämlich, vor dem Hintergrund einer immer finstereren Verzweiflung. Die saturnische Inspiration wird von eben den sie nährenden und zunehmend undurchdringlichen Schatten bedroht.

Der Plagiatsvorwurf traf ihn um so mehr, als die Vorstellung, selbst plagiiert zu werden, ihm keine Ruhe ließ. Als ein Meister seiner Kunst, jedweden Kunstgriff beherrschend, fähig sogar, ein Celansches Gedicht in hölderlinischer Sprache zu schreiben, erkannte er selbst am deutlichsten, wozu ein anderer hätte imstande sein können, der über seine Kraft verfügte. Die Angst vor der Fälschung und vor der Kopie steht in enger Verbindung mit der Kunst des Fälschens. Das Tragische liegt nicht nur in der wie auch immer furchtbaren Erfahrung. Der immergleiche Bezugspunkt – Asche, Verbrennung, Gräue, Tod – verwandelt das Ich (oder das Du) in einen Spieler, der sich in das Netz seines eigenen Spiels verstrickt, in den Widerspruch zwischen seiner emphatischen Rolle und seiner eigenen Unangemessenheit; er macht die sich selbst in Frage stellende Kunst zu einem fatalen Spottgebilde. Jedes Gedicht ist eine Inszenierung; seine Effekte, seien sie nun ernster oder komödiantischer Natur, beruhen auf ebendieser Theatralik.

Ergänzende Noten

Einige Daten

1

Peter Szondi traf am 23. August, einem Sonntag, in Paris ein; er blieb mit uns bis zum 2. September in der Dordogne (diesbezüglich der Brief P. Szondis vom 14. August sowie meine Karte aus Bordeaux vom 2. September, dem Tag seiner Abreise).

Die Datierung der uns übersandten Handschrift des Gedichts – der 6. 8. 1964 – beruht wohl auf einem Irrtum; es wäre dies drei Wochen vor dem Aufenthalt, den er in seinem Brief erwähnt.

Wir erhielten das Gedicht während eines späteren Aufenthalts in Baneuil im Oktober. Nach meiner Erinnerung kam es am 16. Oktober an, einem Samstagnachmittag (die Post wurde damals auch noch samstags nachmittags ausgetragen). Es kam, von den folgenden Zeilen begleitet, als Eilbrief:

Chère Mayotte, cher Jean,

Voici, en souvenir de votre amitié et de votre hospitalité, ce poème cueilli à Baneuil, près de Baneuil. Je l'accompagne d'un regard serein, libre.

Merci pour votre mot, Mayotte. J'aime bien l'idée que vous ayez retrouvé le petit foulard de Gisèle, blanc et constellé de bleu, que je lui ai donné il y a des années.

> *Bien cordialement – herzlich*
> *Paul*

15 octobre 1964.

Liebe Mayotte, lieber Jean,

Hier sende ich Ihnen, in Erinnerung Ihrer Freundschaft und gastlichen Aufnahme, dieses in Baneuil und nahe Baneuil gepflückte Gedicht. Ich begleite es mit einem heiteren, freien Blick.

Ich danke Ihnen für Ihre Zeilen, Mayotte. Es freut mich, daß Sie Gisèles kleines Halstuch, das weiße, mit blauen Sternen übertupfte, gefunden haben, das ich ihr vor Jahren schenkte.

Im Abstand, in der Ferne und Nähe des Ortes, öffnet sich der Raum für die Konsonanzen und Dissonanzen des Gedichts. Mit mehr Wahrscheinlichkeit als am 6. 10. könnte es am 6. 9. entstanden sein (wenn man annimmt, daß Celan versehentlich eine 8 für eine 9 gesetzt hat), wenige Tage nach seiner Rückkehr aus dem Périgord. In einem der Entwürfe für die Zyklusanordnung des Gedichtbands *Atemwende*, die in der historisch-kritischen Ausgabe von Rolf Bücher (*Werke*, I. Abt., Bd. 7.2, Frankfurt am Main, 1990, S. 30-33) wiedergegeben sind, trägt ›Le Périgord‹ (Überschrift und erster Vers) die Nummer 49 und steht zwischen ›Halbzerfressener Kragstein‹ (Nr. 47) vom 4. 8. und ›Aus Fäusten‹ (Nr. 48) vom 1. 10.; dies könnte für die Datierung auf den 6. 9. sprechen, es sei denn, man zieht die aufgegebene Numerierung in Betracht (49 vor 48). In einem anderen Register (vgl. historisch-kritische Ausgabe, S. 42) ist die Reihenfolge umgekehrt: ›Aus Fäusten‹ (1. 10.), ›Le Périgord‹, ›Halbzerfressener‹ (4. 8.). Vier weitere Texte sind im August entstanden: das lange Gedicht ›Hafen‹ (2. 8.), das den zweiten Zyklus beschließt und von dem ›Oberhalb Neuenburgs‹ abgetrennt wurde; ›Schwarz‹ (9. 8.), ›Hammerköpfiges‹ (15. 8.), ›Landschaft‹ (16. 8.) eröffnen in dieser Reihenfolge den dritten Zyklus und stehen darin noch vor den 1963 entstandenen Gedichten.

Das Gedicht ist aus dieser Liste zugleich mit ›Oberhalb Neuenburgs‹ (Nr. 38) gestrichen worden. Celan sagte mir eines Tages (wahrscheinlich 1966), er wolle es schließlich, entgegen seiner ursprünglichen Absicht, doch nicht in den Gedichtband aufnehmen. Seine Bemerkung verwunderte mich, da ich immer schon gefunden hatte, daß dieser Text sich stark von den anderen unterschied, die er mir damals zeigte. Ich las die Gedichte damals nicht in der Weise, zu der ich heute gelangt bin, aus einer in der Sprache gewonnenen, *internen* Perspektive, und maß wohl dem formalen Aspekt zuviel Bedeutung zu, dem Modell einer dem Anschein nach nicht so stark gebrochenen Form. Die Brechung ist dieselbe wie auch anderswo – nur liegt sie mehr im Innern, innerhalb des Rahmens einer Form, ähnlich wie dies bei einigen seiner Übersetzungen der Fall ist; die Entscheidung, das Gedicht aus der Bandkomposition herauszunehmen, mag davon beeinflußt worden sein. Tatsächlich ist der dritte Zyklus nach einer genau überlegten Anordnung konstruiert und gehorcht dabei einem *im nachhinein* eingeführten Prinzip; die darin versammelten Texte sind nicht, wie dies sonst der Fall ist, chronologisch gereiht (vgl. R. Bücher, S. 11 f., der zeigt, daß die durch die Textgenese gegebene Reihenfolge bereits kompositorischen Charakter hat). Gewiß zeugte die Entscheidung, von der er mir mitteilte, von den Schwierigkeiten, vor die ihn die Kontinuität und das schließlich komplexe Arrangement dieses dritten Bandteils stellten.

Durch die Fortschritte der kritischen Ausgaben wird es möglich sein, das Verhältnis zwischen der chronologischen Genese und dem Kompositionsprinzip der Bände besser zu beurteilen. Einzelne Zyklen sind sichtlich so verfaßt, als folgten sie einem von vorneherein feststehenden Plan. Das Werk entsteht in der Logik einer kunstvoll durchdachten Abfolge, doch kann das Ensemble auch später umgestaltet werden. Die beiden Aspekte ergänzen einander und schließen sich nicht aus.

2

Holthusens Rezension ist wiederabgedruckt in: H. E. H., *Plädoyer für den Einzelnen*, München, 1967, S. 167-171.

Szondi hatte am 13. Mai den folgenden Brief an die Redaktion gesandt:

Sehr geehrter Herr Dr. Michaelis,

nach einem Bericht der FAZ vom 13. Mai 1964 wurde in dem Frankfurter Prozeß gegen Eichmanns Stellvertreter in Budapest, Hermann Krumey, von der Anklage als Eichmanns Ausspruch der Satz zitiert: »*wenn ich in drei Tagen nichts aus Istambul erfahren habe, lasse ich die Mühle in Auschwitz arbeiten*«.

Hans E. Holthusen aber, der einst ebenfalls die SS-Uniform trug, darf im Literaturblatt der FAZ (vom 2. Mai 1964) behaupten, der Ausdruck »*Mühlen des Todes*« *sei bei Paul Celan das Zeichen einer* »*Vorliebe für die* ›*surrealistische*‹*, in x-Beliebigkeiten schwelgende Genitivmetapher*« *gewesen. Diese Koinzidenz ist kein Zufall: weder beim Dichter, dem der einstige Euphemismus noch gegenwärtig ist, noch beim Kritiker, der die Erinnerung an das, was gewesen ist, durch den Vorwurf der Beliebigkeit zu vereiteln trachtet.*

Ich wäre sehr betroffen, wenn Sie sich weigerten, diese Richtigstellung als Leserbrief zu publizieren.

Szondi, der Celan den Inhalt des Briefes zunächst nicht hatte mitteilen wollen, richtete später an mich die besorgte Anfrage: »*Dites-moi si vous croyez que Paul ignore le compte rendu de Holthusen dans la FAZ*« [»Sagen Sie mir, ob Paul Ihrer Meinung nach Holthusens Rezension in der FAZ nicht kennt«, Postkarte vom 9. 6.].

Im folgenden sind weite Teile des Briefs von P. Szondi an R. Michaelis vom 30. Mai 1964 wiedergegeben (der vollständige Text ist in der von Christoph König und Thomas Sparr bei Suhrkamp edierten Auswahl aus Szondis Briefen veröffentlicht):

Aus der Chronologie der beiden in meiner Zuschrift angeführten Sätze müßte unmißverständlich hervorgehen, warum ich den Satz Eichmanns zitiert und in welchem Sinn ich von einer Koinzidenz gesprochen habe. Der Satz ist ein Beleg dafür, daß Hitlers Konzentrationslager, die Gaskammern und die

Krematorien, »Mühlen« oder »Todesmühlen« genannt wurden; »Todesmüh-len« hieß, wie ich inzwischen erfahren habe, auch der Dokumentarfilm, mit dem die Alliierten nach dem Krieg die deutsche Bevölkerung über die Lager aufgeklärt haben [. . .].

Eine Koinzidenz nenne ich in diesem Fall erstens die Übereinstimmung des damaligen Sprachgebrauchs mit der Metapher in Celans Gedicht, zweitens den Umstand, daß unter Holthusens aus unzähligen Genitivmetaphern ausgewählten drei Beispielen für »x-Beliebigkeit« ausgerechnet die »Mühlen des Todes« stehen. Meine Behauptung wäre falsch, wenn Celan bei dem Ausdruck nicht auch an die Konzentrationslager gedacht hätte oder wenn Holthusen diesen Zusammenhang nicht hätte erkennen können. Da mich aber Celan selber vor Jahren, als ihm die Metapher »die Mühlen des Todes« noch als angebliches Goll-Plagiat vorgeworfen wurde, darauf hinwies, daß man im Zusammenhang der Konzentrationslager von Todesmühlen sprach, und da ich nicht annehme, daß Herr Holthusen diesen Gebrauch des Bildes nicht kennt, sehe ich in der Tatsache, daß er es Celan als »x-Beliebigkeit« ankreidet, immer noch einen bewußten oder unbewußten Versuch, die Erinnerung an das Geschehene zu unterbinden, zu verdrängen.

Sie schreiben, ich hätte das Zitat aus dem Zusammenhang gelöst, obwohl es »nur in der engen Verbindung mit den anderen Belegen richtig verstanden werden kann«. Das verstehe ich nun wirklich nicht. Denn entweder ist das Zitat ein Beleg für die Behauptung Holthusens oder es ist keiner. Wenn Holthusen es anführt, dann ist offenbar seine Ansicht, daß die Verbindung von »Tod« und »Mühle« hier eine »beliebige«, eine »surrealistische« Kombination darstellt. Da aber der assoziative Zusammenhang mit der Realität, und mit welcher!, feststeht (und man braucht Celans Bestätigung nicht, um darauf zu kommen), ist diese Ansicht Herrn Holthusens falsch und bedarf der Richtigstellung [. . .].

Sie hatten die Freundlichkeit, mir einige Abschnitte aus seiner Stellung-nahme mitzuteilen. Lassen Sie mich noch kurz darauf eingehen, wobei ich von Ausdrücken wie »demagogisch«, »absurd«, »ungeheuerlich«, mit denen Herr Holthusen seinen Mangel an Argumenten kompensieren will, absehe und die wenigen, die er anführt, beachte. Zu ihnen wäre zu sagen:

1. Ein Celansches Gedicht muß sich nicht ausdrücklich mit der massenhaf-ten Ermordung der Juden beschäftigen, um in einem Bild wie dem von den »Mühlen des Todes« die Erinnerung daran heraufzubeschwören. 2. Für einen Dichter, dessen Eltern in deutschen Lagern umgekommen sind und der sich so wie Celan zu seinem Judentum bekennt, sind Auschwitz und die Nazigreuel nicht, wie Holthusen meint, ein »Thema«, mit dem man sich in dem einen Gedicht beschäftigt, in dem anderen nicht. Den vielzitierten Satz Adornos, nach Auschwitz könnten keine Gedichte mehr geschrieben werden, widerlegt Celan mit einem lyrischen Werk, in dem Auschwitz auch dort noch gegenwärtig ist, wo Holthusen »das Thema« nicht »ausdrücklich« behandelt

sieht. 3. Daß in der ›Todesfuge‹ die »Formel« »Mühlen des Todes« nicht vorkommt, ist, solange Gedichte nicht mit Lochkarten hergestellt werden, kein Beweis dafür, daß die Metapher in ›Spät und Tief‹ ohne Zusammenhang mit den Konzentrationslagern wäre. 4. Es ging mir nicht um eine »zynisch-triviale Redewendung« Eichmanns, sondern darum, daß die Einrichtungen der Konzentrationslager, wie Eichmanns Ausspruch zeigt, seinerzeit mit diesem Euphemismus bezeichnet wurden. Die Beziehung, die ich herstelle, oder genauer: die ich in dem Gedicht hergestellt finde, besteht keineswegs zwischen Celan und dem Massenmörder, sondern zwischen Celans Gedichten und dem Massenmord. Daß Holthusen das nicht wahrhaben will, läßt auf denselben Verdrängungsmechanismus schließen, von dem seine Besprechung Zeugnis ablegt und dem auch die Schlußwendung zu danken ist, die mich als Celans Beleidiger hinstellt [. . .].

3

Szondi verhielt sich resigniert (am 7. Oktober 1964 hatte ich ihm mitgeteilt, daß Celan in Verlegenheit war, weil er den in Baneuil diskutierten Text schließlich nicht geschrieben hatte und sich außerstande sah, ihn zu schreiben . . . sosehr er es auch gewollt hätte): »*Pour ce qui est de sa lettre à la FAZ, persuade-le, s'il te plaît, qu'il n'a aucune raison de s'en faire. J'ai très bien compris ses motifs et je les respecte*« (»Was seinen Brief an die FAZ angeht, sage ihm bitte, daß er sich deswegen keinerlei Sorgen machen soll. Ich habe seine Beweggründe sehr gut verstanden und respektiere sie«, 19. 10.).

4

Paul Celan, *Gesammelte Werke in fünf Bänden*, herausgegeben von Beda Allemann und Stefan Reichert, Frankfurt am Main, 1983, S. 35-36. Die Gedichte werden im folgenden aus dieser Ausgabe unter dem Sigel GW zitiert; die römische Ziffer bezeichnet die Bandzahl, die arabische Ziffer die Seitenzahl. Zitate aus dem Frühwerk erfolgen unter dem Sigel FW und verweisen auf: Paul Celan, *Das Frühwerk*, herausgegeben von Barbara Wiedemann, Frankfurt am Main, 1989.

5

Holthusen hätte im selben Band auch die erste Strophe des Gedichts ›Espenbaum‹ (GW I 19) lesen und in die Nähe dieser Verse rücken können:

> ESPENBAUM, dein Laub blickt weiß ins Dunkel,
> Meiner Mutter Haar ward nimmer weiß.

Was verdiente hier die Bezeichnung »Metapher«? Der Todesbaum, mit seinem weißen Licht, das gemähte Leben? Das Blei im achten Vers desselben Gedichts? Oder die Reprise in ›Andenken‹, dem nach dem Tod von Celans Sohn entstandenen Gedicht: »Und um dein Weißhaar vermehrt / das Vlies / der sömmernden Wolke« (*Von Schwelle zu Schwelle*, GW I 121)?

6

Zu Hölderlins *Andenken* siehe die Beiträge im *Hölderlin-Jahrbuch* 26 (1988/89) von Ulrich Gaier, »Hölderlins vaterländischer Gesang ›Andenken‹«, S. 175-201, und Jean-Pierre Lefebvre, »Auch die Stege sind Holzwege«, S. 202-223 (mit einer französischen Übertragung, S. 222); Lefebvre macht aus der Ode ein »französisches Gedicht«; als solches begründe es eine breite Tradition, zu der in seinen Augen auch Rilke und Celan zu zählen wären; mit mehr Berechtigung wäre es wohl ein Gedicht über eine französische Landschaft zu nennen. J.-P. Lefebvre hat auch ein Buch über Hölderlins Aufenthalt in der Gironde herausgegeben: *Hölderlin, journal de Bordeaux (1 er janvier - 14 juin 1802)*, Bordeaux: Blake & Co., 1990. Dazu auch das Symposium vom 12.-14. 10. 1992 in Bordeaux: *Bordeaux au temps de Hölderlin. La colonie allemande à Bordeaux autour de 1800* (Bordeaux: Presses de la Maison des Sciences de l'Homme d'Aquitaine, voraussichtlich 1994).

Bei Hölderlin wird die Dordogne in der letzten Strophe genannt, wo sie ein Gegenstück zur Garonne bildet: dort, wo der Fluß »an der luftigen Spitz«, dem Bec d'Ambès, »herabkommt«, dem Zusammen-fluß der beiden Ströme und der meerigen Weite entgegen. Der Fei-genbaum, nicht minder transformiert, ist ebenfalls präsent. Bei den anderen Elementen ist die Grenze zwischen einem referentiellen Gebrauch und einer zufälligen Übereinstimmung nicht so leicht zu ziehen. Keine Bedeutung wird übernommen, und keine läßt sich daher ableiten. Als Bezüge kommen, in der Reihenfolge der Stro-phen (I-V) von Hölderlins Gedicht, in Betracht:

I. Die Eichen (und Silberpappeln). Die »hingehenden« Stege (»wo [...] / Hingehet der Steg«; siehe auch in II: »über langsamen Stegen«) stehen möglicherweise in Verbindung zu: »steigst du [...]«.

II. Die Deutlichkeit des Erinnerns (»denket«, siehe auch in III: »Gedanken«); das Laubwerk der sich »neigenden« Ulmen, das man in Beziehung zu »in die Neige« bringen kann (»Neige« kommt bei Celan nur selten vor); die »braunen Frauen« passen zu »in verbrann-ter Gestalt«.

III. Nicht weniger gehört auch das »dunkle Licht« dem zentralen semantischen Kraftfeld an, ähnlich dem folgenden »unter Schatten der Schlummer« oder »Nicht ist es gut / Seellos von sterblichen /

Gedanken zu sein«: verstreut finden sich darin die »Gedanken« des Gedächtnisses (die von Hölderlin in den Rahmen eines Gesprächs mit den Toten gestellt werden), die im Abgrund wohnende »Seele«; das gelöschte Geheimnis (cf. »geheimnislos«); dazu das »Gedächtnis«, das von der See gegeben und genommen wird (v).

iv. Die »Nacht« dürfte in den nächtlichen Festen vertreten sein, auf die die Seeleute verzichten, nach den Feiern des Äquinoktiums, »wenn gleich ist Nacht und Tag«.

Dem ist möglicherweise noch die Wendung »... dennoch alles stehend und für sich selbst« aus dem Brief an Böhlendorff nach der Rückkehr aus Bordeaux hinzuzufügen.

7
Klassiker in finsteren Zeiten 1933-1945, 2 Bde., Deutsches Literaturarchiv Marbach, 1983, Kap. 16-17, sowie 27 und 28 über die Feiern zum hundertsten Todesjahr Hölderlins in der Zeit von Auschwitz.

8
»Es war mir nötig, nach manchen Erschütterungen und Rührungen der Seele mich festzusetzen [...]« (an Böhlendorff, November 1802).

Erhalten sind im ganzen drei Briefe an die Mutter und ein vierter an Böhlendorff nach der Rückkehr aus Bordeaux (Nr. 237-240 in Bd. VI der *Kleinen Stuttgarter Ausgabe*). Vgl. auch: »Ich weiß es, einsame Beschäftigung [d. h. die des Dichters] macht, daß man in die weite Welt sich schwieriger findet« (an die Mutter, Lyon, 9. Januar 1802).

9
»Überdies hab ich so viel erfahren, daß ich kaum noch reden kann davon« (an die Mutter, Bordeaux, 28. Januar 1802).

Das Gedicht

Die herangezogenen Passagen aus verschiedenen Gedichten sollen den Beweis für die Geschlossenheit einer sprachlichen Struktur erbringen. Die besondere Bedeutung einzelner Wörter kann so näher bestimmt werden. Die Idiomatik der poetischen Sprache setzt die Kontinuität eines einheitlichen, gleichsam einzigen Textes voraus. Er wird immer wieder umgeschrieben und, als ein neu zu schreibender, im Rahmen eines zu entziffernden stringenten Sinngefüges reflektiert. Die Matrix eines sich immer wieder auf neue Weise konstituierenden Systems wird in Frage gestellt, erprobt, unaufhörlich variiert und durch den Rhythmus der neuen Begegnungen angereichert; so bildet sich der Stoff für eine Reflexion, die sich in der leidenschaftlichen Suche nach Bestätigung von bereits getroffenen Entscheidungen entfaltet.

Strophe 1

10

Auch der erste Vers von ›Dein Haar überm Meer‹ (GW I 18) nennt den Wacholder bei diesem seinem gebräuchlichsten Namen: »Es schwebt auch dein Haar überm Meer mit dem goldnen Wacholder«. Man könnte ihn als Ausdruck der Trunkenheit verstehen, der verlockenden Reise über den Ozean der Sprache. Vgl. im Grimmschen Wörterbuch, unter *Wachholderbaum*: »he is to lange under den wachholderbaum wesen«, »redensarten, womit die deutschen die trunkenheit einer person andeuten«, möglicherweise in Verbindung zu bringen mit dem Schlaf, der im *Ersten Buch der Könige* (19, 4) Elias unter dem Wacholderbaum übermannt. Kraft dieser ekstatischen Trunkenheit, die Weite des Wortmeeres überschwebend, färben die Haare der toten Frau sich »weiß«. Die in der Sprache entfaltete Dynamik zielt zunächst in die Ferne; sie hält auf ein anderes zu und erfährt dabei eine semantische Neugestaltung. Die Bewegung schlägt um und führt am Ende, in der Inversion des letzten Verses, zu ihrem Bezugspunkt zurück: zur Toten. (Zum »Süden« in diesem Gedicht vgl. die untenstehenden Anmerkungen.) Eine Stelle aus ›Eine Gauner- und Ganovenweise‹ (*Die Niemandsrose*, GW I 229-230) verdeutlicht die Bedeutung der Konfiguration. Der Wacholder begegnet darin in der selteneren Form »Machandelbaum«, die zu »Chandelbaum« verkürzt wird: »Und auch der Machandelbaum. / Chandelbaum«. Nach dem französischen »chandelier« (Kandelaber) ist dieser »Chandelbaum« als der Baum des Siebenleuchters zu verstehen, der die Flammen des Gedächtnisses trägt. Die sprachliche Trunkenheit liegt in dieser rauschhaften Begeisterung, die einem Ziel entgegentreibt, das ihr eingeschrieben ist. In ›Le Périgord‹ kommen noch die das Tier treibenden »Sporen« hinzu, die das Feld der sexuellen Konnotationen auch durch die Homonymie mit anderen Sporen im botanischen Bereich erweitern.

In einem anderen Gedicht von *Mohn und Gedächtnis*, dem zweiten im ersten Zyklus, findet sich ein (im Werk vereinzelt dastehendes) Beispiel für »Holunder«, das lautlich und wohl auch semantisch in die Nähe des Wacholders gerückt werden muß: »Gedenk: ein schwärzlich Blatt hing im Holunder – / das schöne Zeichen für den Becher Bluts« (›Nachts ist dein Leib‹, GW I 12). Auch hier dürfte der Strauch die Ekstase kennzeichnen, die den Grund für jenes »Zeichen« schafft, für die Schwärze. Die klangliche Qualität, die die beiden Wörter verbindet, könnte auch auf den Namen Hölderlins verweisen, der manchmal »Hölder« oder »Holder« genannt wurde, mit einem anderen, in Assonanz zu »Wacholder« stehenden Namen des Holunders.

11

In der letzten Strophe des Gedichts ›Sprich auch du‹ in *Von Schwelle zu Schwelle*, dem auch die zitierten Verse entnommen sind. Wenige Stellen im Werk lassen den Ton und das Pathos der Hölderlinschen Strophen so stark erklingen, um sie von innen auszuhöhlen, zu entleeren und die Fäden neu zu spinnen, wie der Schlußteil dieses Gedichts:

> Nun aber schrumpft der Ort, wo du stehst.
> Wohin nun, Schattenentblößter, wohin?

12

Der Kreis wird am Ende der Darmstädter Rede aus dem Jahre 1960 gezogen: »Ich finde [...] etwas Kreisförmiges, über die beiden Pole in sich selbst Zurückkehrendes [...]: ich finde ... einen *Meridian*« (*Der Meridian*, GW III 202).

13

›Dein Haar überm Meer‹ (*Mohn und Gedächtnis*) ermöglicht es, die Bedeutung des Südens und der südlichen, mediterranen Ausrichtung der deutschen Dichtersprache (nicht erst seit Benn) zu erfassen: »die Farbe der Stadt, wo zuletzt ich geschleift ward gen Süden ...« Die Farbe meint weder den Azur noch das Mittelmeer, sondern ein anderes Blau, das «Steinblau», von dem ein der Gemeinsprache innewohnender Elan ihn wegreißt – hin zu der Sprache der Leute (»sie«, nicht »er«), in die er sich hineinbegibt, dem Lockruf der Sirenen folgend. Er wird durch sie gebunden; als ein Gebundener macht er sich davon frei. Er trennt sich von ihr und bildet sich nun, mit Bezug auf die Toten, seine eigene »Brise«, den Hauch einer Inspiration, die freilich ihren Glanz den Wanderungen der Dichter in die lichterfüllten Regionen verdankt. Celan transponiert sie unter das Licht einer mitternächtlichen Sonne: die Wahrheit des Nordens verbündet sich mit der Helligkeit des Südens (»[...] lesbar: / dein geächtetes Wort. / Nordwahr. Südhell« (›Harnischstriemen‹, GW II 28). Im Norden ist damit – in der Sprache und gegen die Sprache – ein anderer, septentrionaler Süden entstanden. Das Herz ist mit einem mittäglichen Wall ummauert, der in der Nacht um so heller erglänzt (siehe das Gedicht ›Im Spätrot‹, GW I 86).

14

»Auch solcherart« bezieht sich ganz offensichtlich auf »schließt du«, so daß »in verbrannter Gestalt« als Apposition des Subjekts (»ein weither Gekommener, [...] du«) aufzufassen ist. Der südliche Kreis schlägt den Bogen zum fernen Glanz eines blendenden Lichts, dessen Gleißen in Wettstreit mit den ihm im Gedicht entgegengesetzten Feuern der Nacht tritt. Das letzte Satzglied führt in das Zentrum des Kreises, in die Leere, in der die Vertikale der letzten Strophe emporsteigt.

Ein Jahr darauf hat sich der Kreis im Laufe einer Reise noch ausgeweitet, die ihn im Oktober 1965 bis Hendaye und Pau führte. Die dabei entstandenen Gedichte von ›Hendaye‹ (GW II 124) bis ›Lyon, Les Archers‹ (GW II 130) aus dem ersten Zyklus von *Fadensonnen* bilden eine dem bretonischen Zyklus in der *Niemandsrose* vergleichbare Einheit.

15

In diesen Zusammenhang gehört eine Stelle aus dem letzten Gedicht der *Niemandsrose* (›In der Luft‹, GW I 290-291):

Groß
geht der Verbannte dort oben, der
Verbrannte: ein Pommer, [...]
[...]

Mit ihm
wandern die Meridiane:
an-
gesogen von seinem
sonnengesteuerten Schmerz, der die Länder verbrüdert nach
dem Mittagsspruch einer
liebenden
Ferne. [...]

Deutlich zu vernehmen ist darin das Echo auf das Gedicht ›Chymisch‹ (GW I 227-228) in demselben Band:

Schweigen, wie Gold gekocht, in
verkohlten
Händen.

Große, graue,
wie alles Verlorene nahe
Schwestergestalt:

Alle die Namen, alle die mit-
verbrannten
Namen. [...]

Man könnte das Wort »Gestalt« auch nach dem Gesetz der Verschiedenheit und bunten Vielfalt verstehen (»in dieser oder jener Gestalt«). Doch ist die Bedeutung einer strukturellen, internen Organisation vorrangig, die ihre Stabilität und Festigkeit aus der Befolgung eines anfänglichen Prinzips gewinnt: »Diese Rolle wird von mir gespielt, die immer die meine sein wird, stets bleibe ich derselbe«. Die Beispiele dafür im Werk fehlen nicht. Es lassen sich aber auch andere anführen, aus den Briefen, die zeigen, wie sehr dem Ausdruck, besonders wenn ein »dieser« oder »auch« ihn begleitete, die Bedeutung einer Epiphanie zukam: »ich denke nun, nach Paris zurückgekehrt, an Ihr Haus in der Falkensteiner Straße, dessen Gast ich

diesmal auch in dieser Gestalt sein durfte: als einer Ihrer Autoren«
(an Brigitte und Gottfried Bermann-Fischer, 22.11.1958); »dazu
gehört, auf der ›Linken‹, ein gewisser ›liberaler‹ Antisemitismus, der
es sich diesmal (auch diesmal!) nicht ohne Mithilfe von Juden bzw.
›Juden‹, zum Ziel gesetzt hat, das Jüdische – also *eine* der Gestalten
des Menschlichen, aber immerhin eine *Gestalt!* – auf dem Wege der
Absorption, Bevormundung usw. zu beseitigen« (an Gottfried Bermann-Fischer, 14.12.1963; zitiert aus: Gottfried Bermann-Fischer,
Briefwechsel mit Autoren, Frankfurt am Main, 1990.)

16
Durch den Vergleich mit drei Versen aus ›Matière de Bretagne‹
(*Sprachgitter*, GW I 171-172) lassen sich, so meine ich, die Bedeutung
und der besondere Klang erfassen, die dem Wort »schön« hier zu
eigen sind:

> [...] eine Staude
> Vergänglichkeit, schön,
> grüßt dein Gedächtnis.

Die Vergänglichkeit verkörpert sich in einer Pflanze, der das Attribut
der »Schönheit« zukommt – so wie umgekehrt die Schönheit gemein-
hin als vergänglich bezeichnet wird. Das Unbeständige, der Zeitlichkeit Unterworfene, grüßt die im Gedächtnis fortlebenden Toten.
Eine ganz ähnliche Beziehung läßt sich zwischen dem »schönen«
Fluß und dem »Gedanken« herstellen.

17

> Latrine
>
> Über stinkendem Graben,
> Papier voll Blut und Urin,
> umschwirrt von funkelnden Fliegen,
> hocke ich in den Knien,
>
> den Blick auf bewaldete Ufer,
> Gärten, gestrandetes Boot.
> In den Schlamm der Verwesung
> klatscht der versteinte Kot.
>
> Irr mir im Ohre schallen
> Verse von Hölderlin.

In schneeiger Reinheit spiegeln
Wolken sich im Urin.

»Geh aber nun und grüße
die schöne Garonne —«
Unter den schwankenden Füßen
schwimmen die Wolken davon.

(Günter Eich, *Abgelegene Gehöfte*, Frankfurt am Main, 1948)

18

Die letzte Versgruppe von ›Stimmen‹ spricht vom Geschenk einer reinen Wunde, geschrieben, geritzt, jedoch in Form einer Abwesenheit, einer Schrift, deren Realisierung vom Gedicht nur vorbereitet wird: »ein / Spätgeräusch [...], deinen / Gedanken geschenkt, hier, endlich / herbeigewacht [...]« (*Sprachgitter*, GW I 147-149). »Endlich« ist hier kein Synonym für »zuletzt« oder »schließlich«. Dasselbe gilt für ›Nachmittag mit Zirkus und Zitadelle‹, wo es im Tonfall der Erfüllung heißt: »Das Endliche sang, das Stete, —« (*Die Niemandsrose*, GW I 261). Im Tode, mit dem Tode, *hält* man das rechte Ende, das Ende, das der Unendlichkeit sich entgegenhalten läßt: »die Spur und die Spur / mit Grauem bestreun, / endlich, tödlich« (›Aus Verlornem‹, *Lichtzwang*, GW II 245). Das Nebeneinander der beiden Adverbien macht deutlich, daß die Endlichkeit als bestimmte Negation des Unendlichen zu verstehen ist, deren Begriff auf diese Weise nicht mehr gegen die Wahrheit der besonderen Schicksale ausgespielt werden kann.

Zugleich bildet jedoch das Unendliche und Polymorphe eine unerschöpfliche Reserve für die beständige Erneuerung der Endlichkeiten, in einer zwischen den Polen eins und tausend oszillierenden Bewegung; als Antithese kann es die Sprache in ihrer vollen Potentialität, in den unzähligen, durch alle erdenklichen Formen der Negation angereicherten Verästelungen bezeichnen. Die Ambivalenz in der Wortbedeutung von »unendlich« ist Ausdruck einer beispielhaften Dualität. Die starke Spannung, die im Wortgebrauch zwischen der Endlichkeit als einem Ziel und der Unendlichkeit der vorhandenen Möglichkeiten konstruiert wird (dies gilt im übrigen nicht nur für dieses einzige Begriffspaar), wirkt einer fatalen Eintragung des Unendlichen in ein ontologisch bestimmtes Weltbild entgegen. Statt dessen wird es auf die kombinatorische Vielfalt der – immateriellen – sprachlichen Materie bezogen. Das Unendliche schafft die Voraussetzungen für all die Bekundungen einer immer wieder erneuerten Autonomie. In *Atemwende* lautet die letzte Strophe von ›Der mit

Himmeln geheizte‹: »die unendliche Schleife ziehend, trotzdem, /
die schiffbar bleibt für die un- / getreidelte Antwort« (GW II 101).
»Ungetreidelt«, das heißt hier frei von jeglichen Banden und Zwän-
gen, in Anlehnung an die Eingangsverse von Rimbauds *Trunkenem
Schiff*. Im letzten Gedicht desselben Bandes wird die Spannung
zwischen den beiden Polen der Konzentration und der Expansion
klar herausgestellt; im Durchgang durch das Nichts werden beide
zur Deckung gebracht: »Eins und Unendlich, / vernichtet, / ichten«
(›Einmal‹, GW II 107).

Strophe 2

19
Ein Gedicht aus *Lichtzwang* beschreibt die Erfahrung einer Umkehrung; der Dichter wird darin zum Reittier der Nacht: »Es ist, [...] / als
hätt der so Gerittene nichts an / als seine / erste / muttermalige, ge- /
heimnisgesprenkelte / Haut« (›Ihn ritt die Nacht‹, GW II 234). Das
»Muttermal« kann (und muß) als »Grabmal der Mutter« verstanden
werden. Die »Haut«, die Sprache des Dichters, trägt dieses ursprüngliche Mal (»seine erste«), zusammen mit der Myriade dunkler Flek-
ken, die ihr eingezeichnet sind und die sie für sich behält (im
Gegensatz etwa zum französischen »secret« betont das deutsche Wort
»Geheimnis« das dem Ich zuinnerst (»daheim«) Zugehörige; diese
Beziehung wird in dem zitierten Gedicht noch durch den Zeilen-
bruch unterstrichen: »ge- / heimnisgesprenkelte«. In ›Das Geheimnis der Farne‹ (*Mohn und Gedächtnis*, GW I 21) wird die nach Rache
durstende Schwermut in das Totenreich eingeführt, und in ›Weißge-
räusche‹ mischt »das Eine Geheimnis« (nämlich das aus dem Tod
hervorgegangene) »sich für immer ins Wort« (*Fadensonnen*, GW II
146). Ein etwa zur selben Zeit wie ›Le Périgord‹ entstandenes Gedicht
aus *Atemwende* versammelt in der Konzentration einer Grabesstille
den »Mittag« und die Schatten, die »Sekunden« und den »Schmerz«:
»Mittags, bei / Sekundengeflirr, / im Rundgräberschatten, in mei-
nen / gekammerten Schmerz / – mit dir, Herbei- / geschwiegene, lebt
ich / zwei Tage in Rom / [...] – / kommst du [...]«. Eine Begegnung
zeichnet sich ab: »es werden die Arme sichtbar, die dich umschlin-
gen, nur sie. Soviel / Geheimnis / bot ich noch auf, trotz allem«
(›Mittags‹, GW II 48).

Der vertraute, »heimliche« Umgang geht bis zu einer Gewalt über
das Leben der Toten. Die Magie der Sprache kulminiert in dieser –

bei Celan nicht nur einmal beschworenen – Gewalt des Zum-Leben-Erweckens, des Ins-Leben-Rufens. Die Magie wird wirksam. Durch das tiefe Schweigen eines Grabes wurde die Tote nach Rom geholt, unter dem Beistand der hier, in dieser Stadt, verfügbaren etruskischen Zauberkräfte. Das »Ich« liegt; es ruht in dieser Stellung, wie die Frau, die hell und waagerecht durch die Türen der Welt geglitten kommt. Im Ansatz zu einer Umarmung zeichnet sich eine erotische (und makabre) Szene ab. Das »Geheimnis« hat bis an diese Schwelle eines Wunders geführt (und bis dahin gehalten).

Es ist nicht auszuschließen, daß das Wort auch mit Bezug auf ein Gedicht des jungen Hofmannsthal *(Weltgeheimnis)* gewählt wurde. Während aber das »Geheimnis« in diesem Text als ein ursprüngliches und ganzheitliches Wissen aufgefaßt ist, wird es in Celans Dichtung zum Instrument einer radikalen Trennung. Aus einem der letzten Gedichte der *Niemandsrose* (›Es ist alles anders‹, GW I 284-286) läßt sich die Bedeutung präzise bestimmen: »die Fahne weht noch« – es ist die »Kummerfahne« aus ›Die feste Burg‹ *(Mohn und Gedächtnis,* GW I 60); »die kleinen Geheimnisse sind noch bei sich« – hier überlagern sich zwei Bedeutungen: den »Geheimnissen« wird eine Hellsichtigkeit und magischer Scharfsinn zugeschrieben (ähnlich wie man sagt: »er ist nicht ganz bei sich«); diese Kraft leitet sich davon ab, daß sie auf ihrer Alienation und Alterität beharren, durch die sie die Schatten einer wahren Sprache verbreiten (»werfen«) können. Der Leser könnte sich fragen, wie diese »kleinen« Elemente, wenn sie für die Sprache konstitutiv sein sollen, das Ich (das nicht in der Sprache ist) ebenso wie das Du (das sich in der Sprache bewegt) betreffen können; doch erklärt sich dies so, daß das Leben des historischen Subjekts (außerhalb der Sprache) ganz und gar von dem Leben abhängig ist, das sein Partner in der Poesie führt.

20

Im Unterschied zum eher häufig gebrauchten »dann« ist »sodann« im Werk sonst nicht verzeichnet. Das veraltete Wort entspricht dem Stil der Ode; in der semantischen Progression unterscheidet das Adverb die einzelnen Phasen und verklammert sie gleichzeitig zu einer notwendigen Abfolge, in der jedes Stadium voraussetzt, daß das je vorausgehende abgeschlossen wurde.

21

Zumindest wenn man, der Konsonanz entsprechend und die Antithese verschärfend, »steigst« und »in die Neige« zusammenrückt. »Neige« wäre im Werk ein Hapaxlegomenon, wenn sich nicht eben hier ein zweiter Beleg fände. Es kommt nur noch einmal vor, in einem Gedicht der *Niemandsrose* (›Bei Wein und Verlorenheit‹ (GW I 213); vgl. dazu Jean Bollack, »Chanson à boire. Über das Gedicht ›Bei Wein und Verlorenheit‹«, *Celan-Jahrbuch* III, 1989, S. 23-35.)

22

Die »Sekunden« stehen für die Dichtung selbst: »[...] Warum, / Sekundengläubiger, dieser / Wahnsold«, (›Warum aus dem Unge-schöpften‹, in *Schneepart*, GW II 364). In ›Anabasis‹ (*Die Niemandsrose*, GW I 256-257): »mit den sekundenschön hüpfenden / Atemreflexen« – die Glockentöne *leuchten*, so wie der Leuchtzahn in der dritten Strophe von ›Le Périgord‹. In der Skansion einer Silbentrennung entsteht das Licht aus der Bewegung einer fortwährenden Beschnei-dung der Wörter. Die trennende Kraft des Augenblicks, die in diesem Rhythmus sich bekundet, ist so groß, daß der in einer stähler-nen Umklammerung steckende Dichter (das »du«) sich dieser Form als einer Waffe bedienen kann, ähnlich wie er in ›Le Périgord‹ die verbrannte Gestalt annimmt. In einem Akt der Vergewaltigung ist das »du« als Frau der männlichen Sprache der Folterknechte ausge-setzt; der erbarmungslose Kampf gegen die anstürmende verderbte Sprache eliminiert eine korrupte Zeitlichkeit: »in / Sekundengestalt / fliegst du hin und verrammelst / die Türen Gestern und Morgen [...]« (›Wenn du im Bett‹, *Atemwende*, GW II 61). Im darauffolgenden Gedicht desselben Bands erscheint die Sekunde als die Königin aller Verweigerungen: »bissig / gruben sich Kähne voran durch die Groß-sekunde Gedächtnis« (›Hinterm kohlegezinkten‹, GW II 62).

23

Vgl. das Gedicht ›Kleide die Worthöhlen aus‹ (*Fadensonnen*, GW II 198): »und lausch ihrem zweiten / und jeweils zweiten und zweiten / Ton«.

24

»Schrei nicht vor Schmerz [...]« (›Halbe Nacht‹, *Mohn und Gedächtnis*, GW I 17); die Stunde eines gesteigerten Reizes: »[...] wie Tücher flattern die Wolken«. Der Augenblick weitet sich; die kritische Span-nung setzt sich in eine Dehnung um. Die Nacht wird »ein seidener Teppich [...] gespannt zwischen uns« – zwischen dem Ich, hier in seinem Gedicht, und der toten Frau; sie zieht eine Verbindung zwischen zweierlei Dunkelheiten, zwischen der Sterblichkeit des Traums im Gedicht, und der vorerst undurchdringlichen Nacht des historischen Geschehens. Es handelt sich um den »Schmerz«, den der Dichter in Baudelaires *Bénédiction* beschwört: »Je sais que la douleur est la noblesse unique / Où ne mordront jamais la terre et les enfers«

(»Ich weiß der Schmerz ist der einzige Adel, / in den nie die Erde noch der Himmel beißen werden«). Celan, für den Baudelaire mehr als jeder andere gezählt hat, schließt daran an, entmystifiziert jedoch den »Schmerz« durch die erfolgte Historisierung. Im Gefolge einer Wortkavalkade spielt der Schmerz eine aktive Rolle, er mobilisiert die Truppen: die ungestüme Wut ist »vorn«; es folgen die Hengste: »Und die verrauchten / Gebete – / Hengste, hinzu- / geschmerzt, [...]« (›Königswut‹, *Atemwende*, GW II 81). In ›Wer / herrscht?‹ wird im Modus der satirischen und verzweifelten Umkehrung aufgezeigt, wie selbst die Instanz des Schmerzes usurpiert und mißbraucht werden kann: »Schmerz, als Wegschneckenschatten. / Ich höre, es wird gar nicht später« (*Fadensonnen*, GW II 116).

Es könnte sein, daß das Wort »Schmerz« mit Bezug auf jenen »Urschmerz« gewählt wurde, der in der dionysischen Musik auf dem Grund des Ur-Einen erklingt (im fünften Abschnitt der *Geburt der Tragödie*). Die Ekstase ist souverän geblieben; sie bezieht ihre Visionen aus einem fernen Reich, wenn auch ihr Bezirk jetzt abgesteckt und bemeistert und die Augenblicke der Selbstvergessenheit den Gesetzen des auf strikteste Weise empirischen Subjekts untergeordnet sind.

Eines der großartigsten Gedichte in der *Niemandsrose* über die Natur der Sprache und die Arbeit an ihrer Neuschöpfung faßt die Silbe »Schmerz« als einen Schlüssel, der eine uneingeschränkte Expansionsbewegung im Nichts erschließt (›Die Silbe Schmerz‹, GW I 280-281). In einem später wieder ausgeschiedenen Fragment aus dem Umkreis desselben Bandes vollzieht sich das Aufkeimen der Namen durch die Intensität, die der Schmerz seinem Schlaf mitteilt:

> Der Schmerz schläft bei den Worten:
> er schläft sich Namen zu:
>
> es geht der Nachtsame auf, in den Fluten, ein Volk,
> zum Ertrinken geboren: stet
> und treu.

Die Katabasis im Schlaf zeitigt ein Volk von Geschöpfen, die fähig sind, der Zerstörung die Treue zu halten.

25
Er starb kurz nach der Geburt. Vgl. ›Grabschrift für François‹ (*Von Schwelle zu Schwelle*, GW I 105), das einzige Gedicht, das auch im Druck datiert ist: Oktober 1953.

Das Wort »Gedanke« ist aus derselben Wurzel gebildet wie die Wörter, die die Erinnerung bezeichnen (»Gedanke« neben »gedenken«; »denken« neben »Andenken«); es ist im Werk auch fast stets dem Bereich des Gedächtnisses zugeordnet. Ein Beispiel aus *Mohn und Gedächtnis*: »fliegt ihm [dem der Nacht entrissenen Baum] das Aschenlid zu, darunter das Auge der Schwester / Schnee zu Gedanken verspann –« (›Da du geblendet von Worten‹, GW I 73). Oder, in dem Gedicht ›Fadensonnen‹ aus *Atemwende*: »Ein baum- / hoher Gedanke / greift sich den Lichtton [...]« (GW II 26). Dem »Gehirn«, das in der Sprache sich bildet, fällt die Aufgabe zu, Schatten hervorzubringen. ›Aus Fäusten‹ (*Atemwende*, GW II 66) beschreibt die Entstehung eines »neuen Gehirns«: »Schön, durch nichts zu verschleiern, / wirft es sie, die / Gedankenschatten«: Elemente des Gedächtnisses, unverhüllte reine Schwärze. In einer der unzweideutigsten Stellen (›Es ist alles anders‹, *Die Niemandsrose*, GW I 285):

> [...] wie ihn,
> den Kieselstein aus
> der Mährischen Senke,
> den dein Gedanke nach Prag trug,
> aufs Grab, auf die Gräber, [...]

kommt man wohl nur dann zu einem Verständnis, wenn der »Gedanke« nicht aufgefaßt wird als ein Vorhaben, so wie man »etwas zu tun gedenkt«, sondern als der Umriß eines Gedankens, der in seiner Beständigkeit sich völlig mit dem Gedenken identifiziert hat.

»Stehen« hat im Werk ausnahmslos die prägnante Bedeutung: »nicht weichen, aushalten, trotz allem und gegen alles«. Seit den ersten Texten hat sich in das Wort der Sinn eines hartnäckigen und streitbaren Widerstands eingeprägt. Zu zitieren wäre etwa das Gedicht ›Landschaft‹, in dem der Abglanz des Todes in den Spiegeln der Dichtung erscheint: »Ich sah dich, Schwester, stehn in diesem Glanze« (*Mohn und Gedächtnis*, GW I 74). Oder diese den Band *Fadensonnen* einleitenden Verse, in denen das Ich an sich selbst appelliert: »Augenblicke, / wessen Winke, / keine Helle schläft. / Unentworden, allerorten, / sammle dich, / steh« (›Augenblicke‹, GW I 113). Das Gedicht ›Ein Krieger‹ in *Sand aus den Urnen*, von dem im Zusammenhang mit dem Wort »Raute« (als Pflanzennamen) noch die Rede sein wird, kennt bereits das emphatische Bekenntnis zu Widerstand und Riposte: »Ich steh. Ich bekenne. Ich ruf« (FW 100 und GW III 16). In einem Manuskript trägt dieses später nicht in *Mohn und Gedächtnis* aufgenommene Gedicht das Datum des 2. April 1943. Bis zum israelischen Zylus (1969) wird sich der semantische Stellenwert des Wortes nicht verändern. Vgl. dazu Jean Bollack, »Sur l'interprétation de deux poèmes de Paul Celan, »Stehen« et »Treckschutenzeit«, in: A. Gethman-Siefert / K. R. Meist (Hg.), *Philosophie und Poesie*. Festschrift für Otto Pöggeler, Stuttgart-Bad Cannstadt, 1988, Bd. 2, S. 261-280.

Strophe 3

28

In einem Gedicht von 1943 bezeichnet das Wort »Raute« die Pflanze (lat. *ruta*): »Fühlst du, daß nichts sich begibt als ein Wehn in den Rauten?« (›Ein Krieger‹, GW III 16). Später, in ›Windgerecht‹, liefert das homonyme Wort für den Rhombus die Grundfigur für eine Geometrie der Schräge, die der verformenden, beugenden Kraft des pneumatischen Elements entspricht: »Felder, windgerecht, Raute bei Raute, / schriftleer« (*Sprachgitter*, GW I 169). Zwischen dem botanischen Namen und der geometrischen Bezeichnung muß es eine Beziehung geben, und auch zwischen den beiden Abstraktionen, die sie verkörpern. In einem andern Gedicht aus demselben Band, das durch das Spiel eines Bausteine zusammensetzenden Kindes veranlaßt wurde, bilden dieselben konstitutiven Elemente einen *blauen* Stern: »Ein Holzstern, blau / aus kleinen Rauten gebaut. Heute, von / der jüngsten unserer Hände« (›Ein Holzstern‹, GW I 191). Die »Hand« des Kindes baut den Stern zusammen, an dem sich die anströmenden Wörter ausrichten, und springt so für den Dichter selbst ein, der währenddessen schwarzen Gedanken nachhängt. Wenn dieser Kinderstern in die Nacht der Melancholie versetzt wird, ist die Trennung aufgehoben; sie wird im selben Atemzug wiederhergestellt: »unserer Hände«, jedoch »meine« Nacht (das Possessivpronomen ist hier exklusiv gemeint). Schließlich kommt in einem Gedicht, das wohl als eine erotische Aufforderung zu verstehen ist, das anatomische Fachwort »Rautengrube« (*fossa rhomboidea,* Nervenzentrum eines auch *calamus scriptoris* genannten Gehirnventrikels) vor: »Komm, wir löffeln / Nervenzellen, / [...] / aus den / Rauten- / gruben« (›Komm‹, GW II 181). Das Kompositum benennt, so scheint es, die konstitutiven Bausteine der Sprache und die Tiefe, in der sie vergraben sind. Ein Übersetzer hätte zwischen dem Namen für die bezeichnete Sache und der idiomatischen Bedeutung der Wörter zu wählen, aus denen sich dieser Name zusammensetzt.

29
In der von Celan benutzten Ausgabe von Franz Rosenzweigs Buch über die jüdische Gedankenwelt, *Stern der Erlösung* (1921) – ich erinnere mich, daß er es in diesen Jahren erneut gelesen hat und mich um mein Exemplar bat –, trägt das Titelblatt des ersten Teils das obere Dreieck, dasjenige des zweiten Teils das untere Dreieck, während dem dritten Abschnitt die beiden übereinandergelegten Dreiecke des Sterns (des Davidsschilds) vorangestellt sind.

Celan bezieht daraus seine doppelte Identität als Jude und Dichter: »ein / Sechsstern, / dem du dich hinschwiegst«, in ›Deinem, auch deinem‹ (*Schneepart*, GW II 370).

30
So liest man in ›Engführung‹, daß ein Wort durch die Nacht kommt, um zur Klarheit einer Bedeutung zu gelangen: »wollt leuchten, wollt leuchten« (*Sprachgitter*, GW I 199). Doch muß erst die Asche sich verdoppeln und die Nacht sich mit der Nacht vereinigen, bis – der Progression von »leuchten« zu »feuchten« entsprechend – aus dem Licht die Träne entsteht.

31
Die Wortwiederholung, die als Figur in Celans Übersetzungen so häufig ist, verdeutlicht noch das Oxymoron von Mangel und Produktivität; die Überfülle (»übersät«) tritt an die Stelle des Verlustes, bereichert sich im Austausch mit dem aus der saturnischen Nacht erzeugten Feuer. Die Verse des Sonetts, etwa auch die Wendung vom toten Stern, haben im Licht des tragischen Geschehens der Judenvernichtung eine neue Bedeutung erlangt.

32
Die Konkordanz von Karsten Hvidtfelt Nielsen und Harald Pors, die auf der Grundlage der seit 1952 erschienenen Bände erstellt wurde, verzeichnet das Wort »Eiche« nur einmal, in der letzten Strophe des Gedichts ›Espenbaum‹: »Eichne Tür, wer hob dich aus den Angeln? / Meine sanfte Mutter kann nicht kommen« (*Mohn und Gedächtnis*, GW I 19). Die Kraft der Sprache, im ersten der beiden Verse, erzwingt eine Öffnung. Die Tür wird aufgebrochen, ohne daß jemand durch sie träte, einzig und allein um der Wahrheit dieser Absenz willen.

Der unauslöschliche Schandfleck, der sich für ihn mit der Form der Eichenblätter verband, hinderte Celan daran, sich am Anblick des Baums zu erfreuen; er sah darin das Emblem der militärischen Auszeichnungen. Im Wort lebte die todbringende Gewalt dieser Bedeutung uneingeschränkt fort. Ich erinnere mich genau an den Widerwillen, den er davor empfand. Es kam vor, daß er den Blick von diesem Baum abwandte, dem er keinen Platz im Reich »seiner« Bäume (dem Reich der Toten) gewährte.

Andererseits ist der Kraft der semantischen Umschöpfung im Durchgang durch den Abgrund keine Grenze gesetzt. Auch die Eiche, das Emblem der Massaker (das Grün, das in ›Espenbaum‹ die Ukraine mit seinem Gift durchsetzt) kann sich in einen Baum des Gedächtnisses verwandeln. Nichts ist unmöglich. In ›Engführung‹ (*Sprachgitter*, GW I 200-201) wird selbst die grüne Farbe, das Symbol der gefeierten Natur, gegen diese Verherrlichung gewendet und begründet eine pflanzliche Wahrheit: »Baum«, »Gras«, ja sogar »Blume«.

> [...]
> giftgestillt, groß,
> ein
> grünes
> Schweigen, ein Kelchblatt, es
> hing ein Gedanke an Pflanzliches dran –
> grün, ja,
> hing, ja,
> unter hämischem
> Himmel.

Das Problem der Übersetzung stellt sich in seiner ganzen Schärfe, auf eine vielleicht unlösbare Weise, wenn ein Wort als solches, als eine neu gebildete Zusammenfügung, genannt wird und den Gegenstand erst hervorbringt, und wenn trotzdem die andere Sache mitgesagt wird, die dieses Kompositum, soweit es bereits existiert, für gewöhnlich bezeichnet. So heißt die Steineiche im Französischen »yeuse«; sie ist aber bei Celan zugleich »chêne de pierre« und entspricht einer spezifischen Konfiguration von »Stein« und »Eiche«. Analog dazu ist, um nur eines der zahllosen Beispiele zu nennen, der »Augenblick« in einem bereits zitierten Gedicht auch der »Blick des Auges«; das Auge ist darin ebenso präsent wie die Zeitbestimmung, die »kurze Weile«.

33

Deutlich wird die Bedeutung von »vergraben« in der emphatischen
Wendung eines Liebesgedichts, ›Nachts, wenn das Pendel‹, aus *Mohn
und Gedächtnis* (GW I 57):

> Was sich nun senkt und hebt,
> gilt dem zuinnerst Vergrabnen:
> blind wie der Blick, den wir tauschen,
> küßt es die Zeit auf den Mund.

Die Zeit wird zur »Zeit« des Gedichts. Das Wogen der Lust entsteht
aus der ekstatischen Begeisterung und wird durch sie bis zur durch
das historische Ereignis besiegelten Hinwendung zu den Toten
gesteigert.

Die Klepsydra oder die Sanduhr (›Das Stundenglas‹, nach dem
Titel eines Gedichts aus *Atemwende*, ist – für die Zeit eines Blühens –
vergraben, auf seiten der Rosen des Pfingstfestes, des Festes der
Hoffnung: »tief / im Päonienschatten vergraben« (GW II 50). Die
Schwermut hat eine andere Gestalt angenommen. In der Verzweiflung spannt der Abgrund sich *über* die Gräber, die in der Sprache
hervorgebracht wurden, welche nun selbst vergraben ist, schwärzer
noch als die Schwärze, die sie zum Strahlen zu bringen vermag.

34

Vgl. das Gedicht ›Nacht‹ in *Sprachgitter* (GW I 170); in den früheren
Bänden: ›Nachts ist dein Leib‹ (*Mohn und Gedächtnis*, GW I 12); eines
der frühesten Gedichte, ›Im Park‹ aus dem Jahr 1939, beginnt mit
dem Vers: »Nacht. Und alles ist da« (FW 15), dem bereits dieselbe
Struktur zugrunde liegt: »Nacht. Und [...]«.

35

Der Titel des Gedichts (*Niemandsrose*, GW I 237) stellt ein Selbstzitat
aus ›Kristall‹ dar, einem Gedicht, dem programmatischer Charakter
zukommt: »sieben Rosen später rauscht der Brunnen« (*Mohn und
Gedächtnis*, GW I 52). Angesprochen ist das »Brunnenland« aus dem
choralähnlichen ›So bist du denn geworden‹: »Du steigst in alle
Brunnen« (*Mohn und Gedächtnis*, GW I 59). Das »Rauschen« erzeugt
das Lied. Es kann, wenn das Rad der Zeit sich in die Gegenrichtung
dreht, ein Ende nehmen; die Brunnen sind dann, in der Inversion,
selbst zu Gräbern geworden – Ende des Rauschens, Rauschen des
Endes (›Brunnengräber‹, *Schneepart*, GW II 336).

36

Israel Chalfen stützt sich offenbar auf eine auf das Gleichnis vom unfruchtbaren Feigenbaum (Lk 13,6-9) und auf das Bild des verdorrten Feigenbaums (Mt 21,18-22 und Mk 11,12-14) zurückgehende »Tradition«, um »feigengenährt« auf das Volk Israel und auf den Zionismus von Celans Vater zu beziehen (»auf die Sehnsucht des Vaters nach Zion«, Israel Chalfen, *Paul Celan. Eine Biographie seiner Jugend*, Frankfurt, 1979, S. 128). Wenn die Feige etwas Jüdisches heraufbeschwört, so durch den Widerstandsgeist und die Widersetzlichkeit, die darin zum Ausdruck kommen. Vgl. im Grimmschen Wörterbuch, unter »die feigen weisen, zeigen etc.« (*far la fica*); bei Hermann Paul: »Eine der älteren Sprache sehr gewöhnliche Wendung [...] als Ausdruck der Verhöhnung« (oder des Trotzes). Die sexuelle Konnotation ist von Anfang an mit der Geste verbunden. Die Pflanze kommt schließlich nicht nur in Palästina, sondern auch in Griechenland vor, in der Türkei und anderswo.

›Es stand‹, ein denkbar unzweideutiges Gedicht im israelischen Zyklus von *Zeitgehöft* (GW III 96), setzt mit dem Jubelschrei des erprobten Widerstands ein: »Es stand / der Feigensplitter auf deiner Lippe« – die Wollust beruht auf der Negation, die Negation auf der Wollust. Klaus Manger (»Die Königszäsur. Zu Hölderlins Gegenwart in Celans Gedicht«, *Hölderlin-Jahrbuch* 23, 1982/83, S. 156-165; zu Celans ›Andenken‹ siehe S. 161-165) übernimmt von Chalfen, der nicht nur diese eine Fehlinterpretation in Umlauf gebracht hat, die symbolische Gleichsetzung der »Feige« mit Israel. Manger fügt auch noch in enzyklopädischer Manier die Funktion der Frucht als Grabbeigabe hinzu. Die einzelnen Bedeutungen schließen sich gegenseitig aus und verhindern dadurch eine kohärente Lektüre: 1. Israel; 2. die Grabbeigabe (»die Feige als Totengabe erhebt ›Andenken‹ zur Nekropole [...]«); 3. das Echo Hölderlins: »Im Hofe aber wächset ein Feigenbaum«. Der dritte Punkt ist der einzige, der sich rechtfertigen läßt, vorausgesetzt, man fügt hinzu, daß der Reprise keinerlei symbolische Relevanz zukommt. Die semantische Übertragung bringt mit sich, daß die Feige in erster Linie sexuell zu verstehen ist und so zu einer abstrakten Figuration in der Sprache überleitet.

Thomas Sparr (*Paul Celan. Poetik des hermetischen Gedichts*, Heidelberg, 1989, S. 118) versucht für das Gedicht ›Es stand‹ aus dem israelischen Zyklus Realitätsbezüge einzelner ihm disparat erscheinender Elemente herauszuarbeiten. Er weicht aber letztlich der Frage nach der Bedeutung von »Feigensplitter« aus. Eine »Lektüre«, die dem System Rechnung trägt, das die einzelnen Elemente versammelt, müßte sich fragen, wie sich dieser Splitter zu den dänischen Schiffen verhält, von denen Celan nicht erst 1969 während seiner

Israelreise Kenntnis erlangt hat. Die historische Rettung der dänischen Juden stand bereits im Zentrum des Gedichts ›Frihed‹ (*Atemwende*, GW II 77-78), das die Schiffe in Kopenhagen vergegenwärtigt. Die topographische Aktualität in Jerusalem, der die Erinnerung an die Rettungsaktion perpetuierende Platz, verweist den Leser auf das frühere, »dänische« Gedicht. Die israelische Realität, mitsamt den Bäumen, geht in der spachlichen Materialität des anderen Textes auf. Das »hermeneutische« Verständnis setzt voraus, daß man das Faktum dieser Kontinuität akzeptiert, in der ein einziger Text (ein einziges »Buch«) geschrieben und immer wieder neu geschrieben wird, sich dabei im Rhythmus der Einzelgedichte von innen her selbst erläuternd. Die interne Ausgestaltung der sprachlichen Materie im Rahmen eines geschlossenen Systems überwiegt gegenüber der äußeren Begegnung, die von ihr geradezu magnetisch angezogen und integriert wird. Kein Sinnzusammenhang läßt sich behaupten, wenn man dieses in steter Umbildung befindliche System außer acht läßt.

37

Der Vers stammt aus dem Gedicht ›Nachmittag mit Zirkus und Zitadelle‹ im bretonischen Zyklus der *Niemandsrose* (das Gedicht beschreibt ein anderes »Nachher«, eine nachmittägliche Situation, nach einem »Mittag«). Es handelt sich um die Reprise oder Entwicklung des Themas, das in ›Die feste Burg‹ (*Mohn und Gedächtnis*, GW I 60) angeschlagen wurde. Dort wird die lutherische Losung auf die abgesonderte Festung der Sprache übertragen, im Anschluß an den bereits erwähnten Choral ›So bist du denn geworden‹ (GW I 59): »dein Herz schlägt allerorten / in einem Brunnenland«.

38

Die Organe und Körperteile bilden ein System; sie erhalten eine besondere Bedeutung im Feld der dichterischen Kreativität: »Hände«, »Mund« und »Lunge« (der Atemhauch der Inspiration). Der »Zahn«, der auch zum Lied gehört, steht für die Hartnäckigkeit.

Durch eine gauklerhafte und makabre Umkehrung kann die unerläßliche Referenz dieser Dichtung, die sich dem Tod der Opfer zuwendet, in einer Maskerade der Toten aufgehoben werden. Sie spielen mit Klinkern (Murmeln), lassen sie »gegen den Tod« erklingen (in einem ebenfalls ›Landschaft‹ betitelten Gedicht aus *Atemwende*, GW II 59). Es handelt sich um eine Fälschung; das Spiel wird verkehrt herum gespielt. Die »Trüffel«, die die Kreaturen in dieser Satire zu essen bekommen, ist »ein Stück / unvergrabner Poesie«: sie (vgl. die skizzierte Bedeutung von »vergraben«) fand »Zunge und Zahn«.

Den getarnten Auftritten, Fälschungen und Plagiaten gegenüber steht die Aufforderung, die an den Löwen von Juda ergeht: »Löwe / sing du das Menschenlied / von Zahn und Seele, / beiden / Härten« (›Gezinkt der Zufall‹, *Fadensonnen*, GW II 115). Die eine dieser Härten steckt in den beißenden Wörtern. »Tournons dans la Morsure« (»Drehn wir uns im Bisse«), schrieb Rimbaud in *Qu'est-ce pour nous, mon cœur . . .?* Bei Celan heißt es, zwei Seiten weiter in *Fadensonnen*: »Die Spur eines Bisses im Nirgends. / / Auch sie / mußt du bekämpfen, / von hier aus« (GW II 117) Die reine Negativität, die in der *Niemandsrose* erreicht wurde, bleibt als eine lebensnotwendige Absolutheit zu verteidigen – das kurze Gedicht folgt auf zwei Texte, in denen die Möglichkeiten von Verfälschungen und Entstellungen ins Licht gerückt werden.

39
Der »Hohlzahn« kommt auch noch an anderer Stelle vor. Beide Elemente des Celanschen Kompositums, die Höhlung und der Zahn, sind Bestandteile des gewöhnlichen Universums seiner Poesie – das beißende Wort und die Leere, auf die es sich stützt. Man findet sie wieder in einem »Trinklied« aus *Fadensonnen*, wo parodisch, in ausgelassenem Sarkasmus, mit den vertrauten Bausteinen der Kunst gespielt wird und, wie das Segel zeigt, die Reise in ›Dein Haar überm Meer‹ in neuer Variation unternommen wird: »und roll mich in ein steifes Segel, mastenstark, / die Enden tief im Hohlzahn eines Ankers« (›Bei Glüh- und Mühwein‹, GW II 172). Die Vertikale ersteht, *mit ihren beiden Enden*, in der fixen Verankerung im Abgrund, der Höhlung des Wortes.

Die Hohlräume haben die Eigenschaft dessen, was fortgeschafft, und von einem Hier in ein Dort gebracht wurde, *dorthin*, in die Leere des Abgrunds. Es ist die Welt, die der Gesang »noch einmal« im Chor mit dem Tod dorthin zu tragen vermocht hat (›Brandung‹, *Mohn und Gedächtnis*, GW I 69); ein Ruf tönt »aus dem Hohlweg«, er hißt die Fahne des Landes, wo ein Weg versperrt ist und dem Stern so sein Erscheinen ermöglicht. Ein »hohles Lebensgehöft« (in dem gleichnamigen Gedicht in *Atemwende*, GW II 42) versammelt die Leere und Abwesenheit, die das Leben der Sprache braucht: die nackte Ödnis, in der schneeige Gespräche zustande kommen.

Textkritische Anmerkungen

Die im Deutschen Literaturarchiv Marbach aufbewahrten Vorstufen des Gedichts wurden mir freundlicherweise von Gisèle Celan und Jochen Meyer, dem Betreuer des Nachlasses, zur Verfügung gestellt. Bei der Erarbeitung meiner Interpretation hatte ich noch keinen Einblick in die Vorstufen. Sie werden darum in diesem Buch auch nicht kommentiert. Die Tatsache, daß eine Entzifferung auch ohne sie bewerkstelligt und argumentiert werden kann, zeigt, daß sie nur selten für die Lektüre entscheidend sind. Das Gedicht selbst ist bereits eine Variante: kein Gedicht, das nicht die Abwandlung und Neufassung eines anderen darstellte.

Außer dem hier wiedergegebenen Manuskript existieren noch vier maschinenschriftliche Varianten mit einigen handschriftlichen Korrekturen, die, so scheint es, alle früher entstanden sind. Keine entspricht genau der uns übersandten Fassung. Ein erstes Blatt (A) ist auf den 4. 8. datiert; es weist den Anfang der ersten Strophe (bis ». . . Dordogne«) und einen ersten Entwurf der dritten Strophe auf; außerdem, am Ende, einen Ansatz zur zweiten Strophe und auf der Rückseite eine Neufassung des Anfangs der ersten Strophe. Die Arbeit wurde zwei Tage später wiederaufgenommen (Datum des 6. 8.). Ein zweites Blatt (B) weist den unveränderten Anfang der Strophe 1 auf; eine erste Vorstufe der Strophe 2, eine zweite der Strophe 3; und schließlich, am Ende angefügt, eine Fortsetzung, die Verse 6 und 7 der Strophe 1. Eine am selben Tag entstandene, ebenfalls auf den 6. 8. datierte dritte Vorstufe (C) versammelt die drei Strophen. Die vierte Vorstufe (D), die nicht datiert ist, aber aller Wahrscheinlichkeit nach am selben Tag niedergeschrieben wurde, trägt die Widmung und weist zwei Varianten auf. A und B sind Skizzen oder Entwürfe, C und D sind bereits das Gedicht.

Die Strophe 1 ist zweimal um zwei Verse erweitert worden (B und C); daraus ergibt sich 1 a: Vers 1-5; dann 1 b: Vers 6-7; dann 1 c: Vers 8-9. Bei den beiden anderen Strophen ist die Ausarbeitung komplexer, wie aus einem Vergleich von B und C (mit der Skizze in A) bezüglich der Strophe 2 hervorgeht; aus dem Vergleich von A und B, bezüglich der Strophe 3.

Strophe 1

Vers 2-3. Die zweite Skizze (in A) trägt das Präterit »stießt du / das Mittagstier, das du rittst« (in B aufgegeben).

Vers 3. Der Relativsatz ». . . das man dir lieh« wurde in B abgetrennt und in den nächsten Vers verlegt. Die anfängliche Anordnung wurde in C, gleichzeitig mit der Erweiterung der Strophe, wieder retabliert.

Vers 5. Das Attribut der Dordogne war zunächst »fremde« anstelle von »schöne«, bis zu der handschriftlichen Korrektur in c.

Die Verse 6 und 7 werden in b angefügt; 8 und 9 erscheinen in c.

Anstelle des Singulars »Kreis« liest man »Kreise« in d.

Das Verfahren der Erweiterung kann in der zweiten Strophe beobachtet werden (8 Verse in b, 12 in c).

Vers 1-2. Nach »Geheimnislos« wurde »stieg ich / vorbei an der Tabaksstaude« (Singular) korrigiert in »[...] an der Tabaksstaude vorbei, [...]« (a), und dann umgeformt in: »[...], an / Tabaksstauden vorbei / steigst du« (b).

Das Adjektiv »üppigen« wurde in c hinzugefügt.

Vers 3-5. In b gibt es nur einen einzigen Vers: »steigst du zu dir in die Neige, nach oben«; das Zusammentreten von »sodann« und »zurück« schafft zwei distinkte Bewegungen.

Vers 6-9. Im ersten Entwurf (b) steht: »Sekunden / werfen den Zeitwall auf, ein Gedanke, schmerzlich, / reicht sich herüber; [...]« die zweite Fassung (c) trennt die Sätze, verkürzt »Zeitwall« zu »Wall« und führt die Iteration von »wirft« und »werfen« ein.

Vers 10-12. In der Fortsetzung des Verses, nach »[...] herüber«, stand zunächst: »[...] Der Turm / neben dir steht für sich«, dann (in b korrigiert): »Turm und Jahrtausend / neben dir stehen / für sich« (»stehn« in c).

Eine ähnliche Erweiterung hat in der dritten Strophe stattgefunden.

Vers 1. Eine Bewegung ist angedeutet mit »Nachts, wenn der [...]« (a), und wird dann unterbrochen: »Nacht. Und der [...]« (b); mit dem Zusatz von »lesbar« (b) wird »flammt« auf den nächsten Vers verschoben.

Vers 3-6. Die Streichung von »wenn« und der Apodosis »tastet sie sich / zum [...]« zieht eine Verschiebung der Präpositionalergänzung nach sich, die in b an den Anfang des Satzes zu stehen kommt: »Zum hohlen / beim Brunnen vergrabnen Leuchtzahn« (A: »vergrabenen«, »Zahn« korrigiert in »Leuchtzahn«), und dann, nach der Einfügung von »unten«, vor »beim [...]« (c), getrennt wird: »Zum hohlen, / unten beim [...]«. Die Erweiterung um ein neues Wort bewirkt, wie allein in diesem Gedicht an mehreren Beispielen zu beobachten ist, eine Neuverteilung der Wörter auf die Verszeilen, neue Einschnitte und rhythmische Veränderungen; »hin« nach »Leuchtzahn« (A) wird gestrichen (b). Es ist schwer zu sagen, worauf sich »meine« (A) anstelle von »deine« bezog, neben »dir« im Vers 3 (vgl. auch »stieg ich« in A); »trockene«, zunächst abgetrennt (»meine / trockene«, A), wurde dann zu »deine« hinzugefügt, in der synkopischen Form, die den neuen Rhythmus verändert (»deine trockne / immer noch [. . .]«, B).

Vers 8. »Ein Tropfen« wurde in C in die Nachbarschaft von »Seele« gerückt: »[. . .] stern- / süchtige Seele: ein Tropfen / [. . .]« (»[. . .] Seele / ein Tropfen [. . .]«, A und B).

Zwei letzte (handschriftliche) Korrekturen in C führten zur Ersetzung von »fremde« durch »schöne« im Vers 5 und zur Eliminierung des Fugen-s in »Tabaksstauden«). Sie wurden in der maschinenschriftlichen Fassung D berücksichtigt, die die Widmung trägt, sich aber von der uns übersandten Version in zwei Punkten unterscheidet: durch den Plural »Kreise« und durch die Unterteilung der zweiten Strophe in vier Einheiten: »Sekunden [. . .]« (Vers 6) folgt auf eine Leerzeile; ebenso: »Ein Gedanke, [. . .]« (Vers 8) und »Turm und [. . .]« (Vers 10). Zwei Erklärungen für diese Abweichungen sind möglich. Entweder war der handschriftliche Text die endgültige Fassung, oder der die strikt triadische Form auflösende Text (D) war für den Band *Atemwende* bestimmt – sei er nun vorher oder nachher entstanden. Celan konnte die Unterteilungen wieder aufgegeben haben, als er das Gedicht mit der Hand für uns abschrieb. Da es nicht in den Band aufgenommen wurde, ist die im privaten Kreis veröffentlichte Fassung maßgeblich. Es bleibt das Problem des falschen Datums (siehe oben). Der Irrtum wiederholt sich auf allen drei datierten Vorstufen (4. 8., für A; 6. 8. in B und C). Kann man davon ausgehen, daß Celan sich beim ersten Mal geirrt und die falsche Ziffer dann von einem Blatt auf das andere übertragen hat?

Inhalt

Einige Daten

9

Das Gedicht

21

Ergänzende Noten

57

Textkritische Anmerkungen

87

Edition Akzente